Barbara Riedel

Glücksorte auf Sizilien

Fahr hin & werd glücklich

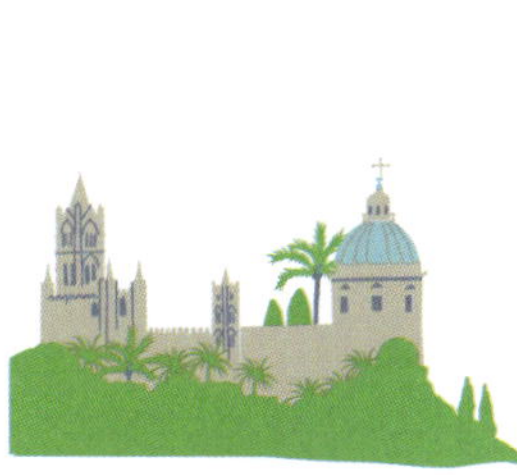

Dieses

Glücksbuch

ist für

Liebe Glücksuchende,

laut Duden ist Glück unter anderem ein „Zustand der inneren Befriedigung und Hochstimmung“. Ich habe mich auf die Suche begeben und 80 Orte in Sizilien besucht, die ebendieses Gefühl in mir hervorrufen – und hoffentlich auch in den Lesern dieses Büchleins. Viele dieser Orte liegen in der Natur und bieten Raum für besondere Augenblicke von Ruhe und Genuss, in denen man den Blick über das Meer schweifen lassen oder sich als kleiner Teil des großen Ganzen fühlen kann. Andere sind eng verbunden mit der Geschichte, den Traditionen und Bräuchen Siziliens, meiner zweiten Heimat, und man erhascht einen seltenen Einblick in den Alltag der Sizilianer, von denen immer mehr dafür kämpfen, das kulturelle Erbe für sich, ihre Kinder und Kindeskinder zu bewahren. Und auch wenn 80 Orte erst mal viel erscheinen, so bietet die Insel so viel mehr, um Glück im tiefsten Innern zu spüren. Von daher wünsche ich besondere Glücksmomente und „buon viaggio“!

Barbara Riedel

Deine Glücksorte …

... noch mehr Glück für dich

Glück für alle Sinne

1 Auf der Dachterrasse SEVEN in Palermo

Einfach die Welt Welt sein lassen und die Augen über die charmante sizilianische Hauptstadt schweifen lassen ... Das geht im SEVEN, einer wahren Oase der Ruhe. Im Herzen von Palermo zwischen den Dächern der Stadt gelegen, ist sie eine ganz besondere Terrasse inmitten eines atemberaubenden Panoramas und der ideale Ort, um den Tag gebührend ausklingen zu lassen oder um sich eine entspannende Auszeit vom süditalienischen Trubel der Großstadt zu gönnen. Auch wenn Palermo keine echte Skyline hat, wird die Rooftopbar gerne mit der besten „Skyline View der Stadt" beworben. Und das zu Recht! Wer sich davon selbst überzeugen möchte, muss nichts weiter tun, als in den Fahrstuhl des Hotels Ambasciatori zu steigen und in den obersten Stock zu fahren. Über die Treppe geht es noch ein weiteres Stockwerk bis aufs Dach. Oben angekommen, kann man den herrlichen Rundumblick genießen – zur einen Seite die Dächer der Stadt mit Blick auf den Palazzo dei Normanni oder die Kathedrale, die besonders aus dem Häusermeer hervorsticht, auf der anderen Seite das Mittelmeer mit dem beeindruckenden Monte Pellegrino. Der allseits präsente Hausberg von Palermo beherrscht die Szenerie zur Linken. Das Erlebnis hört jedoch nicht bei der Aussicht auf, denn ein Besuch im SEVEN soll mehrere Sinne gleichermaßen ansprechen. Die gastronomische Erfahrung gilt als Fest für den Gaumen, bei dem Eleganz, Einfachheit und lokale Spitzenklasse oberste Priorität haben. Die Aromen Siziliens stehen sowohl bei der Küche als auch bei den Cocktails im Vordergrund. Und so sollen die Gäste auf eine Reise in ferne und nahe Länder mitgenommen werden, inmitten von Düften und Inspirationen, die geschickt miteinander kombiniert und gemischt werden. Das Glück wartet hier also in mehrfacher Hinsicht: Beim Blick auf die Stadt und das Meer, bei einem Schluck Cocktail oder beim köstlichen Duft der Speisen auf dem Teller. So kann man das sizilianische Glück zugleich sehen, schmecken und riechen.

TIPP

Für einen Besuch des SEVEN bei Sonnenuntergang ist eine Reservierung empfehlenswert.

● Dachterrasse des Hotels Ambasciatori, Via Roma 111, 90133 Palermo, Tel. +39 (91) 6 16 68 81, ambasciatorihotelpalermo.com
● ÖPNV: Haltestelle Roma – Palazzo Ganci

Was die Natur gibt

2 Im Agriturismo dell'Etna in Archi-Riposto

In den letzten Jahrzehnten haben mehr und mehr landwirtschaftliche Betriebe in Italien ihre Türen und Tore geöffnet. Der ursprüngliche Gedanke war, über den so entstandenen „agriturismo" eine zusätzliche Einnahmequelle für die Höfe zu schaffen. Schnell führte es jedoch dazu, dass der touristische Betrieb vieler Höfe zum Hauptstandbein wurde, während die Landwirtschaft eher in den Hintergrund rückte. Und so gibt es heute zahlreiche Höfe, die Agriturismo genannt werden, die ursprünglich hauptsächlich landwirtschaftlich gearbeitet haben, heute aber als Unterkünfte zur Verfügung stehen.
Einer von ihnen ist der Agriturismo dell'Etna, der seinen Namen vom majestätisch in der Ferne thronenden Vulkan erhalten hat, der die Szenerie beherrscht. Der familiengeführte Hof in Riposto liegt unweit der Ostküste Siziliens und wird bereits von der vierten Generation betrieben.

TIPP

Frühzeitig buchen! Das Agriturismo dell'Etna hat nicht viele Zimmer. Schnell sein lohnt sich.

Während früher auch für die Vermarktung produziert wurde, die über den nahe gelegenen Hafen von Riposto erfolgte, gehen heute alle Erzeugnisse in die hauseigene Küche. Ganz nach dem Motto „Der Mensch ist, was er isst" kommt hier nur auf den Teller, was aus dem eigenen Garten oder zumindest aus der Region kommt. Angebaut werden vor allem Kartoffeln, Artischocken, Spargel, Auberginen, Zucchini, Kürbis, Broccoli und natürlich Zitrusfrüchte, allen voran Zitronen. Alles frisch, alles saisonal. Und natürlich mit Liebe zur sizilianischen Küche und zum Essen allgemein zubereitet.
Unterkommen kann man hier in dem Haus aus dem 18. Jahrhundert mit mehreren Doppel-, Dreibett- und Vierbettzimmern. Es wurde renoviert und mit Highspeed-Internet ausgestattet, sodass es wahrscheinlich kaum ein Agriturismo mit schnellerem Internet auf Sizilien geben dürfte. Wer die Pflicht mit dem Angenehmen verbinden und seine Arbeit mit in den Urlaub bringen möchte, findet hier den idealen Ort dafür. Am Pool kann man wunderbar relaxen, sodass im Agriturismo dell'Etna für Körper und Geist gesorgt ist.

● Azienda Agricola dell'Etna, Via S.P.2 I/II n.71, 95018 Archi-Riposto, Tel. +39 (3 40) 6 24 29 00, agrietna.com

Mystischer Ausblick

3

An der Panchina dello Stretto in Messina

Sizilien liegt bekanntermaßen im Mittelmeer. Allerdings wird dieses in verschiedene Regionen geteilt. Nördlich der Insel wird es Tyrrhenisches Meer genannt, während es im Osten Ionisches Meer heißt. Die beiden Meere werden von der Straße von Messina getrennt, der Meerenge zwischen Kalabrien auf dem italienischen Festland und Messina auf Sizilien. Die Meerenge ist 32 Kilometer lang und zwischen 3 und 8 Kilometer breit. An der schmalsten Stelle lädt eine Bank aus Beton dazu ein, sich hinzusetzen und das Panorama auf den italienischen Stiefel zu genießen.

Dieser Wasserweg galt schon immer als Herausforderung für Seefahrer. Gefährliche Strömungen und die nahe Steilküste machen die Durchfahrt zu einem Wagnis. In der Antike erklärte man diese Gefahr durch die Anwesenheit zweier mythischer Ungeheuer. Skylla und Charybdis lauerten hinter Felsen und trieben ihr Unwesen. Skylla, als Nymphe geboren, wurde von Kirke in ein Ungeheuer verwandelt, das einen Unterleib aus sechs Hunden hatte. Diese fraßen Seefahrer, wenn sie ihr mit dem Schiff zu nahe kamen. Charybdis hingegen galt als gestaltlos und sog die vorbeifahrenden Schiffe ein, nur um sie kurz darauf zerstört und ohne Überlebende wieder auszuspucken.

TIPP
Von der Piazzetta di Torre Faro kann man wunderbar zum Capo Peloro und darüber hinaus schlendern!

Der Sage nach soll Odysseus während seiner zehnjährigen Irrfahrt über das Mittelmeer auch durch die Straße von Messina gekommen sein. Während er Charybdis erfolgreich umfahren konnte, kam er an Skylla nicht vorbei, die sechs der Gefährten verschlang.

Die Straße von Messina ist aber nicht nur ein mythologischer Ort sowie ein Ort von tragischen Schiffsunglücken, Seeschlachten und Ausgangspunkt für Auswanderer, die Sizilien den Rücken kehren wollen. Sie ist die Verbindung zwischen dem Festland und der größten Insel des Mittelmeeres. Und so bietet die Straße von Messina nicht nur eine spektakuläre Naturkulisse, sondern auch einen Blick in die Geschichte und die Mythologie, bei der die einzigartige Verbindung zwischen Kalabrien und Sizilien im Vordergrund steht.

● Panchina dello Stretto, Via Area Torre 50, 98164 Messina
● ÖPNV: Haltestelle Torre Faro

Siziliens salzige Schätze

4 In den Salinen von Trapani

An verschiedenen Orten Siziliens verbergen sich wahre Schätze. Und das ist nicht ausschließlich im übertragenen Sinn gemeint. Denn Salinen prägen einen Großteil des Westens der Insel. Bereits im Mittelalter gehörte die Salzproduktion, die heute auf eine rund 3000-jährige Geschichte zurückblickt, zu den wichtigsten Einnahmequellen der Insel. Nicht umsonst wurde Salz als weißes Gold bezeichnet. Denn Salz war tatsächlich unheimlich wertvoll. Und dieses weiße Gold wird noch heute gewonnen.

Eine der Salinen befindet sich südlich von Trapani. Die sogenannten Salinen von Trapani und Paceco sind ein Kulturland, das 1995 unter Schutz gestellt wurde. Die rund 300 Jahre alte Windmühle, die zu einem Museum umgebaut wurde, steht fast schon sinnbildlich für den Salzabbau. Heute kann man im Museum sehen, wie das Salzwasser in vergangenen Tagen von einem Verdunstungsbecken zum anderen gepumpt und auf diese Weise grobes kristallisiertes Salz gemahlen wurde. Es zeigt außerdem die verschiedenen Phasen der Salzgewinnung und welche Gerätschaften dafür verwendet wurden.

Mit fast 1000 Hektar sind die Salinen von Trapani ein beeindruckendes Naturschutzgebiet. Es beherbergt etwa 200 markante Salzmühlen und ist eines der letzten Feuchtgebiete für Zugvögel, bevor sie zum Überwintern gen Afrika fliegen. Vogelbeobachter können hier über 170 Vogelarten entdecken, darunter Reiher, Flamingos und Wanderfalken. Da die Salinen sehr groß sind, ist es nicht immer leicht, die geflügelten Zeitgenossen zu beobachten, die sich lieber in Teile der Salzpfannen zurückziehen, in denen sich keine Menschen aufhalten. Mit etwas Glück kann man sie jedoch in der Entfernung sehen oder sie zum Sonnenuntergang anmutig im Himmel fliegend ausmachen. Dies ist ohnehin die beste Zeit für einen Besuch in den Salinen. Denn wenn sich der Himmel in 50 Facetten rot färbt und sich die Schäfchenwolken im Salzwasser spiegeln, erlebt man ein wahres Naturspektakel.

TIPP

Ein Restaurant lädt zum Verweilen ein. Ideal, um den Sonnenuntergang gebührend zu feiern.

● Museo del Sale, Via Chiusa, 91027 Nubia, Tel. +39 (3 20) 6 63 58 18
museodelsale.it

Antike Eleganz

5

An der Ponte dei Saraceni in Adrano

113 Kilometer lang ist Siziliens längster Fluss. Der Simeto entsteht aus den beiden Quellflüssen Troina und Cutò, die aus den Monti Nebrodi entspringen und sich nordwestlich von Bronte vereinen. Von dort schlängelt sich der Simeto durch eine malerische Landschaft, vorbei an den Orten Adrano und Paernò, bevor er südlich von Catania seinen Weg ins Meer findet.

Durch ihn ist die Ebene Piana di Catania entstanden, die die fruchtbarste und auch größte Ebene der Insel ist. Anders als andere Flüsse in Sizilien trocknet der Simeto im Sommer für gewöhnlich nicht vollständig aus, sodass es bereits in der Antike nötig war, einen Weg zu finden, den Fluss wohlbehalten zu überqueren. Er trennt nämlich die Verbindung zwischen Catania und Troina, das zur Zeit der Eroberung Siziliens sogar Hauptstützpunkt Rogers I. war und zum ersten Ort mit einem lateinischen Bistum gemacht wurde. Die Verbindungen zwischen den Kerkeranlagen dieser Städte und der Festung von Motta waren außerdem von strategischer Bedeutung und wurden militärisch von den mächtigen Türmen überwacht.

TIPP

Wer Picknicksachen mitbringt, kann seine Snacks in der historischen Kulisse genießen!

Es musste also eine Brücke her. Glücklicherweise gab es zu dieser Zeit bereits eine: nämlich die Ponte dei Saraceni, die vermutlich schon von den Römern erbaut wurde. Die Normannen nahmen während ihrer Eroberung umfangreiche Umbauten an der Brücke vor.

Der eindrucksvolle Hauptbogen der Ponte dei Saraceni, der in einem spitzen Winkel errichtet wurde, ist trotz diversen Umbauten bis heute erhalten und zeugt von der ursprünglichen Konstruktion der Römer. Die kleineren Bögen der Brücke mussten hingegen rekonstruiert werden, nachdem sie bei einer verheerenden Flut im Jahr 1948 zu Schaden gekommen waren. Das imposante Bauwerk führt über einen Abschnitt der Lavaschluchten, der durch Lavaströme und die erosive Wirkung des Flusses Simeto gebildet wurde. Die Umgebung der Brücke besteht daher aus faszinierenden basaltischen Formationen, die ihre Besucher mit ihrem atemberaubenden Anblick bezaubern.

● Ponte dei Saraceni, 95031 Adrano

Magische Ruinen

6 Cammarata mit Torre del Castello

Im Herzen Siziliens verbirgt sich das magische Hinterland mit seiner rauen und wilden Schönheit. Weit entfernt von Stränden und den archäologischen Stätten an der Küste wartet hier das vielleicht authentischste Sizilien, das man erleben kann. Einer ebendieser authentischen Orte ist Cammarata, das auf einer Höhe von 689 Metern am Hang des gleichnamigen Berges liegt, dem höchsten Gipfel der Monti Sicani. Die Gemeinde mit knapp 6000 Einwohnern befindet sich auf einem Felsvorsprung aus Sandstein in einer besonders waldreichen Region. Funde bestätigen, dass es hier bereits in der Zeit vor der griechischen Zeit Siedlungen gegeben haben muss. Allerdings ist die erste schriftliche Erwähnung erst aus dem Jahr 1141. Das Dokument belegt eine Spende von Lucia di Cammarata an den Bischof von Cefalù. Teil der Schenkung waren die heute zerstörte Kirche Santa Maria sowie fünf Casali mit arabischen Namen. Dies belegt, dass Cammarata also wohl bereits zur Zeit der Muslime bewohnt war.

TIPP
Am besten vorher prüfen, ob es eine Ausstellung gibt, durch die man den Turm von innen sehen kann.

Lucia di Cammarata war eine Verwandte von Graf Roger, dem späteren König von Sizilien, und wurde zur Herrscherin des Castello Cammarata, das im 13. Jahrhundert erbaut wurde und von dem aus sie mit ihrem Sohn Adam regierte. Die Burg wechselte in den darauffolgenden Jahrhunderten mehrmals den Besitzer, von den Normannen bis zu den Aragonesen. Dann kam 1812 das Ende der feudalen Ära und sie verfiel.

Heute kann man die Überreste der Burg bewundern, die einige Mauern und einen Teil des alten Gebäudes umfassen, in dem heute das Istituto Figlie di Maria Ausiliatrice zu finden ist. Am besten erhalten ist jedoch der Turm, der für Ausstellungen und Veranstaltungen genutzt wird. Das Castello Cammarata hat Herausforderungen durch Naturkatastrophen und Kriege erlebt und auch wenn es darunter gelitten hat, steht der Turm als ein imposantes Zeichen der Zeit. So sind die Ruinen ein faszinierendes Zeugnis der Vergangenheit.

● Torre del Castello Cammarata, Via Porta Pia 7, 92022 Cammarata

Ein Traum in Gold

7 In der Kathedrale von Monreale

Stolz und mächtig steht der normannisch-arabische Bau, der seit 2015 zum Weltkulturerbe gehört, am Ende der Piazza Vittorio Emanuele II in Monreale. Die gleichnamige Kathedrale steht hier bereits seit 1176. Einer Legende zufolge soll König Wilhelm II. von Sizilien die Jungfrau Maria im Traum erschienen sein und ihm vorgeschlagen haben, an ebendieser Stelle eine Kirche zu errichten. Er hielt sein Schläfchen unter einem Baum ab und fand darunter nach dem Aufwachen einen Schatz. Diesen nutzte er, um den Bau der Kirche zu finanzieren. Daher auch ihr Name: Santa Maria Nuova. Wahrscheinlicher ist jedoch die Variante, dass es einen Konkurrenzkampf zwischen den Diözesen Monreale und Palermo gab. Da die Kathedrale von Palermo 1169 bei einem Erdbeben stark beschädigt wurde, sollte dort eine neue errichtet werden. Also musste Monreale mitziehen. Zunächst wurde die Kathedrale als Klosterkirche geplant und misst 102 Meter Länge, 40 Meter Breite und 35 Meter Höhe. Sie vereint normannischen, arabischen und auch byzantinischen Baustil, was sich im Baukörper, in den Blendbögen und den Intarsien sowie in den Goldgrundmosaiken im Innenraum zeigt. Letztere wurden von Künstlern aus Konstantinopel geschaffen und bedecken eine Fläche von nicht weniger als 6340 Quadratmetern. Sie zeigen Szenen aus der Genesis – von der Schöpfung bis zur Vertreibung aus dem Garten Eden – und von den Stammvätern Noah, Abraham, Isaak und Jakob. Im Chorraum kann man auf den Mosaiken Szenen aus dem Leben Jesu und in den Seitenschiffen seine Wunder erkennen. Beeindruckender könnte eine Kirche von innen kaum sein. Auch der Kreuzgang kann das ein oder andere Ah und Oh entlocken. Er ist heute der letzte Rest des damaligen Benediktinerklosters und ist 47 mal 47 Meter groß. 26 Arkaden mit Spitzbögen finden sich auf jeder der vier Seiten, die von Doppelsäulen getragen werden. Säulen und Kapitelle sind alle unterschiedlich gestaltet. Und so wird die Kathedrale zu einem goldenen Glücksort in den Bergen von Palermo.

TIPP

Unbedingt auf die Terrazze über dem Kreuzgang gehen und den Ausblick genießen!

- Cattedrale di Monreale, Piazza Vittorio Emanuele II 8, 90046 Monreale
monrealeduomo.it
- ÖPNV: Haltestelle Fontana del Drago – Palermo

ARCHANGEL' MI CHAEL,
ARCHAN GELUS, GA BRI EL.

Kunst aus Steinchen

8

Villa Romana del Casale in Piazza Armerina

Piazza Armerina ist eine Stadt in der Gemeinde Enna im Landesinneren von Sizilien. Um hierher zu gelangen, muss man sich schon ein wenig ins kurvenreiche Hinterland der Insel wagen. Aber die Fahrt lohnt sich: Denn eine römische Villa, nur 4 Kilometer von der Stadt entfernt, enthält sehr gut erhaltene Bodenmosaiken und gilt als Denkmal des römischen Siziliens. Die Mosaiken haben der Villa außerdem zu einem Eintrag in die UNESCO-Weltkulturerbeliste verholfen, deren korrekter Name eigentlich Villa Romana del Casale lautet. Aber oft wird sie schlicht Villa del Casale oder sogar nur die Villa von Piazza Armerina genannt. 45 Räume sind noch erhalten, in denen man die farbigen „Tesserae", wie die Mosaiksteinchen in der Fachsprache genannt werden, bewundern kann. Sie bedecken ganze 3500 Quadratmeter Boden. Das macht rund 120 Millionen Steine, was mehr als in jedem anderen bekannten römischen Haus ist. Die Stile unterscheiden sich dabei teilweise stark, was auf mehrere Werkstätten schließen lässt, die wohl auch Künstler aus Nordafrika beschäftigten. Die Villa wurde früher durch zwei Aquädukte mit Wasser versorgt. Wann genau sie erbaut wurde, ist nicht mit Genauigkeit zu bestimmen. Wahrscheinlich ist sie jedoch aus dem 4. Jahrhundert nach Christus. Ein Erdrutsch im 12. Jahrhundert verschüttete die Villa, wodurch zwar einige Wände und auch die Decken zum Einsturz gebracht wurden, aber ein Großteil des Gebäudes nicht durch den Zahn der Zeit, durch Unruhen und Kriege zerstört wurde. Heute können Besucher über Stege durch die Räume schlendern, die Mosaiken bestaunen und sich ein bisschen in die römische Kaiserzeit versetzt fühlen. Das Dach wurde nachgebaut, zum einen, um die Mosaiken vor Wind und Wetter zu schützen, und zum anderen, um den Eindruck der antiken Villa zu imitieren. So kann man nach fast 2000 Jahren durch die Hallen der einstigen „villa rustica" wandeln, am monumentalen Eingangsbereich stehen oder sich vorstellen, wie die Thermenanlage mal wirklich genutzt wurde.

TIPP

Auch die Stadt Piazza Armerina selbst ist einen Abstecher wert, wenn man schon mal in der Gegend ist!

● Villa Romana del Casale, SP90, 94015 Piazza Armerina, Tel. +39 (9 35) 68 00 36
villaromanadelcasale.it
● ÖPNV: Haltestelle Piazza Armerina, SP15 Mosaici Hotel

Hoch über der Stadt

9

Auf dem Felsen von Cefalù

Auf den Überresten einer Burgmauer aus dem 13. Jahrhundert in 268 Meter Höhe sitzen und auf eine mittelalterliche Altstadt und das Meer schauen – das ist pures Glück. Genau das geht auf dem Gipfel des Felsens von Cefalù, auf Italienisch „Rocca di Cefalù", wo die Besucher eine alte Burgruine mit einem fantastischen Ausblick auf die Altstadt und das Mittelmeer erwartet. Und wenn man dort oben fernab vom Lärm der Stadt sitzt, einem der Wind um die Nase weht, man das Farbenspiel vor einem in sich aufnimmt und die Ruhe im Herzen spürt, kommt man aus dem Staunen nicht mehr raus.

Cefalù ist bekannt für die entzückende Altstadt, für die Restaurants mit Blick übers Meer, die dazu einladen, den Tag genüsslich ausklingen zu lassen. Was viele jedoch nicht wissen, ist, dass die ursprünglichen Siedlungen auf dem Felsen Rocca di Cefalù lagen. Von den Griechen „Kephaloidion" und den Römern „Cephaloedium" genannt, was beides so viel wie Kopf bedeutet, ist der Felsen sogar namensgebend für das heutige Cefalù. Erst später begannen die Menschen auch am Meer zu siedeln, wo die heutige Altstadt bewundert werden kann. Auf dem Felsen gibt es hingegen nur noch Ruinen, sodass man die früher einmal stattliche Burg nur noch erahnen kann.

TIPP

In den frühen Morgenstunden aufbrechen, da der Aufstieg in der Mittagshitze zu anstrengend ist.

Der Aufstieg auf den Felsen beginnt an der Kathedrale. In Serpentinen geht es bis zur alten Festung hinauf. Bereits im Mittelalter angelegt, trägt dieser Weg die Erinnerungen an all jene in sich, die ihn zuvor gegangen sind. Im Innern der Festung steht der Dianatempel, ein megalithisches Bauwerk aus dem 9. Jahrhundert. Auf der Nordseite wurde hier ein Kreuz aus Metall errichtet, das nachts beleuchtet ist und das Panorama beherrscht. Den Felsen umgibt zudem eine mythische Entstehungsgeschichte. Daphnis, der Sohn von Hermes, war der Nymphe Nomia zu Treue verpflichtet. Als er jedoch einen Treuebruch beging, wurde er geblendet und stürzte sich kurze Zeit später von einem Felsen, woraufhin er selbst zu einem solchen wurde – dem Felsen Rocca di Cefalù.

- Rocca di Cefalù, Eingang: Vicolo Saraceni, 90015 Cefalù
- ÖPNV: Haltestelle Stazione Centrale Cefalù

Sizilianische Weinwelt

10 Auf dem Weingut Cantina Marilina, San Lorenzo

Das Val di Noto kann nicht nur barocke Architektur! Hier finden sich auch erstklassige Unternehmen, die mit einer großen Portion Liebe und einer ganzen Menge Talent das nutzen, was die Mutter Erde der sizilianischen Heimat ihnen zur Verfügung stellt. Eines dieser Unternehmen ist die Cantina Marilina, ein Weingut inmitten einer malerischen Landschaft aus Reben, Olivenbäumen und Co. in der Nähe von Noto. Angelo Badernò kam im Jahr 2001 nach Noto und verliebte sich sofort in die Schönheit des Val di Noto, in die Landschaft und das nahe gelegene Meer. Es dauerte ein paar Jahre, aber 2007 begann das ehrgeizige Projekt des Baus eines Weinguts, das zwei Jahre andauerte. Doch am Ende stand das Weingut und die Arbeit konnte beginnen.

Es war von Anfang an klar, dass drei autochthone Rebsorten im Mittelpunkt der Produktion stehen sollten: Nero d'Avola, Moscato und Grecanico. Außerdem sollte so viel wie möglich in Handarbeit gemacht sowie ohne chemische Mittel gearbeitet werden. Er führt die Cantina mit Hingabe und Leidenschaft, an seiner Seite seine Frau Lina, die das Herz und die Seele von Familie und Weingut ist und die aus den Früchten, die auf dem Anwesen wachsen, allseits beliebte Marmeladen zaubert. Manchmal, mit etwas Glück, sind diese dann sogar Teil der Weinproben.

TIPP
Wer seinen Besuch ankündigt, kann auch einen Blick hinter die Kulissen der Weinproduktion werfen.

Die Tochter der beiden, Marilina, steht mit ihrem Namen für das Weingut und ist zwischen den Reben aufgewachsen. So ist es nicht verwunderlich, dass sie schon lange ins Familienbusiness eingestiegen und mit Herzblut bei der Sache ist.

Jeder Interessierte wird hier herzlich empfangen, egal ob mit oder ohne Anmeldung. Bei einem Besuch kann man vollkommen in die Welt der Weine eintauchen, sich allerlei Wissenswertes erklären lassen, den faszinierenden Weinberg entdecken, zwischen den Reben wandeln und natürlich – das wahrscheinlich Wichtigste – die Weine begleitet von dazu passenden lokalen Spezialitäten der Cantina Marilina probieren.

● Cantina Marilina, Contrada San Lorenzo, 96017 San Lorenzo, Tel. +39 (3 91) 4 73 78 44, cantinamarilina.com

€ 18,00
€ 18,00
€ 16,00
€ 16,00
Fedelie
Fedelie
bianco
Currivu
rosso
CANTINA MARILINA
CANTINA MARILINA
RUSSETTA
PACCHERI
RUSSETTA
BUSIATA
RUSSETTA
SPAGHETTI
RUSSETTA
SPAGHETTI

Mehr Süden geht nicht

11

An der Isola delle Correnti

In der Gemeinde Portopalo di Capo Passero markiert eine Statue den südlichsten Punkt Siziliens und das Schild bezeichnet diese Stelle sogar als südlichsten Punkt Italiens, wobei dann die kleineren Inseln wie Lampedusa außer Acht gelassen werden. Die Statue ist ein Cristo Redentore, Christus der Erlöser, der mit ausgebreiteten Armen auf einer quadratischen Basis auf einer sandigen Halbinsel steht. Ein Anblick, den man so schnell nicht vergisst!

In seinem Rücken sieht man die Isola delle Correnti, zu Deutsch: die „Insel der Strömungen". Sie ist unbewohnt und liegt etwa 90 Meter vor Sizilien. Die Isola delle Correnti liegt an einem Riff und man erkennt ein verlassenes Gebäude und den ehemaligen Leuchtturm, in dem einmal ein Leuchtturmwärter über das Meer bzw. über die Schiffe wachte. Ein Wellenbrecher führte einst zur Insel. Jedoch wurde er zum Teil zerstört, sodass man heute nicht mehr weit kommt. Wer bereit ist, knietief ins Wasser zu steigen, kann aber immer noch hinüber zur Insel laufen.

Dieser Ort ist von Sagen und Legenden umwoben. So lässt sogar ein Schild verlauten, dass an genau dieser Stelle Odysseus während seiner Irrfahrten angelandet sein soll, nachdem er von Troja aufgebrochen war, um zurück nach Ithaka zu fahren. Außerdem habe er hier der Hekabe ein Ehrengrabmal geweiht. Sie war die zweite Frau des Priamos und damit Königin von Troja. Nach der Zerstörung Trojas nahm Odysseus sie als Sklavin mit, aber sie stürzte sich aus Verzweiflung ins Meer. Auch der Apostel Paulus soll genau hier vorbeigekommen, an Land gegangen sein und gepredigt haben, als er von Malta nach Rom fuhr.

Der letzte Hinweis an diesem besonderen Ort gilt Wanderern, denn hier befindet sich auch das Ende des Sentiero Italia, mit 5500 Kilometern eine der längsten Trekkingrouten Italiens. Wer möchte, kann also einfach dem Fernwanderweg folgen, um hierher zu gelangen – sogar von Trieste, dem Ausgangspunkt des Sentiero Italia.

TIPP

Hier kann man sowohl Sonnenuntergang als auch Sonnenaufgang erleben. Einfach magisch!

● Cristo Redentore an der Isola delle Correnti, Via Guardiana Contrada, 96010 Portopalo di Capo Passero

Qui approdò Ulisse, tornando
da Troia, e vi consacrò un
Malta verso Roma
PUNTA PIÙ A
SUD D'ITALIA

Eine stolze Pferderasse

12

Sanfratellaner in San Fratello

Eingebettet in den Parco dei Nebrodi, wartet eine kleine Stadt, die reich an Geschichte und Naturschönheiten ist. Wo sich heute San Fratello befindet, glänzte wohl einst das antike Apollonia, das etwas nördlich des heutigen Stadtkerns zu finden ist, jedoch bereits 307 v. Chr. zerstört worden war. Das San Fratello, das wir heute kennen, wurde erst rund 1500 Jahre später während der Herrschaft Rogers I. von Langobarden gegründet.

Bis 1922 galt San Fratello als Kultstadt, da es nicht weniger als 27 heilige Gebäude beheimatet, darunter mehrere Kirchen und Klöster. Der heutige Name der Stadt leitet sich von den drei heiligen Brüdern Alfio, Cirino und Filadelfio ab, die unter Kaiser Valerio den Märtyrertod erlitten haben.

TIPP

Wer schon mal da ist, sollte eine Runde durch das alte Stadtzentrum mit seinen kleinen Gassen drehen.

Neben Rindern, Schafen und Ziegen kann man in der naturbelassenen Umgebung um San Fratello aber auch noch ein anderes Tier ausmachen: Pferde. Die einheimischen Pferde, die nach ihrem Herkunftsort Sanfratellaner genannt werden, haben eine faszinierende Geschichte, die bis ins Mittelalter zurückreicht. Einige Wissenschaftler bringen das Pferd sogar mit dem sizilianischen Pferd („Equus sicanus") in Verbindung, das bereits in der Antike von den Griechen und Römern erwähnt wurde. Einige vermuten auch, dass Pferde dieser Rasse von den langobardischen Gründern San Fratellos mitgebracht und dann zurückgelassen wurden.

Mit der Zeit wurden die körperlichen Eigenschaften des Sanfratellano verändert. Sie wurden an die raue Umgebung Siziliens angepasst und gekreuzt, bis ein ganz neues Pferd entstanden war, das sich durch seine besondere Robustheit und Ermüdungsbeständigkeit auszeichnet. Heute umfasst die Population rund 5000 Sanfratellaner, von denen 1600 Stuten sind.

Daher feiern die Bewohner San Fratellos die einheimische Pferderasse und haben ihr sogar einen eigenen Tag gewidmet. Stolz zeigen sie „ihr" Pferd auch in einer lebensgroßen Statue, die sich in der Mitte eines Kreisels in der Stadt befindet.

● Pferdestatue, Via Roma 162, 98075 San Fratello

So schmeckt Sizilien

13 Antichi Sapori di Sicilia in San Vito lo Capo

Wer hat noch nicht von Zitrusfrüchten, den Tomaten oder den Pistazien gehört, die durch den Kuss der Sonne Süditaliens so intensiv schmecken, wie man es sich hierzulande kaum vorstellen kann? Diesen authentischen Geschmack Siziliens kann man kosten und sich vielleicht auch einen Vorrat aus dem Urlaub mit nach Hause nehmen. Das geht nämlich ganz einfach in der Fußgängerzone von San Vito lo Capo. Antichi Sapori di Sicilia ist ein Unternehmen, das typisch sizilianische Produkte herstellt. Der Laden sticht aus der Masse heraus. Man spürt fast, dass man nun ein kleines Schatzhaus betritt. Auffällig sind nicht nur die vielen Produkte, sondern auch die Fotos im Laden, die von der Tradition als Familienunternehmen zeugen, das mit der Zeit gewachsen ist. Auf einigen Etiketten finden sich Fotos: auf der Tomatensauce sieht man ein kleines Mädchen strahlend inmitten von Tomaten oder auf der Pasta eine junge Frau in einem Weizenfeld. Das ist Tochter Rosita, die bei der Firmengründung noch ein Kleinkind war. Ursprünglich war der Verkauf der Produkte nur für Familie und ein paar enge Freunde gedacht. Heute sind beide herangewachsen: Rosita hat nun das Zepter in der Hand und die Produkte finden sich auf Esstischen rund um die Welt!

TIPP

Antichi Sapori di Sicilia begrüßt Interessierte für einen Blick hinter die Kulissen auf dem Hof.

Die Produktion richtet sich dabei stets nach der Jahreszeit und die lokalen Produkte werden auf dem freien Feld angebaut. Die Produktpalette ist riesig und umfasst neben Vorspeisen, Würzmitteln, Saucen, Nudeln und Aufstrichen sogar Wein. Allein aus Pistazien macht Antichi Sapori di Sicilia einen süßen Aufstrich, der es locker mit der bekannten Schokoladencreme aufnehmen kann, ein herzhaftes Pesto und sogar Nudeln.

Mehr als 100 Produkte sind so mittlerweile zusammengekommen. Die Zutaten dafür stammen weitgehend aus eigenem Anbau und auch die Verarbeitung erfolgt im eigenen Haus. Verkauft wird in den eigenen Läden sowie online. Praktisch. Authentisch. Gut! So kann jeder das echte, ehrliche und vielleicht auch einfache Sizilien vergangener Zeiten schmecken.

- Enoteca Antichi Sapori di Sicilia, Via Savoia 30, 91010 San Vito lo Capo, Tel. +39 (9 23) 73 30 07, antichisaporidisicilia.it
- ÖPNV: Haltestelle Via Mattarella

IL NOSTRO TONNO ROSSO
Specie Bluefin
Prodotto da pesca
ona di cattura FAO
(Mar Mediterraneo)
olio extra vergine di oliva
CIOCCOLATO-BIOLOGICO
MIELE SICILIANO
PESTO-ALLA-TRAPANESE
BUSIA
€4,00

Schönheit in Trümmern

14 Ruinenkirche Sant'Ignazio in Mazara del Vallo

Ironischerweise sind die beeindruckendsten Gebäude auf Sizilien oft jene, die nicht mehr in ihrem Originalzustand zu bewundern sind. Eines von ihnen ist die Kirche Sant'Ignazio in Mazara del Vallo. Sie ist ein wahrer architektonischer Schatz und befindet sich im Herzen des historischen Zentrums. Die Kirche wurde zu Beginn des 18. Jahrhunderts von Jesuiten gegründet und ist heute trotz ihres ruinösen Zustands einer der eindrucksvollsten Orte der Stadt.

Die Fassade der St.-Ignatius-Kirche ist zwar teilweise sichtbar und baufällig, zeigt aber noch die ursprüngliche Struktur und den barocken Stil. Die Bögen und Säulen vermitteln einen Eindruck von Unvollkommenheit, der jedoch den Charme des Gebäudes nicht schmälert. Der Anblick der Kapitelle und der Fenster, auch wenn sie jetzt in Trümmern liegen, lässt einen träumen. Das Gefühl, vor etwas Außergewöhnlichem zu stehen, wird durch das Wissen noch verstärkt, dass die Kirche trotz ihres Zustands noch immer zu fesseln vermag.

TIPP
Die Geschichte des Gebäudes und der Stadt zu kennen, kann den Besuch noch spannender machen.

Säulen, die einst die Decke stützten, Bögen, die einmal fester Bestandteil der Struktur waren, und sogar Fenster, durch die das Sonnenlicht einfiel ... Diese Elemente schaffen eine Ehrfurcht einflößende Atmosphäre der Heiligkeit und laden ein, sich das Gebäude in seiner ursprünglichen Form vorzustellen.

Trotz des Fehlens einiger Teile, wie der zwei Glockentürme, die abgerissen werden mussten und eine Lücke im Stadtbild hinterließen, birgt St. Ignatius echte Schätze. Einer davon ist die über dem Eingangsportal thronende Marmorbüste des heiligen Ignatius. Sie ist eine ständige Erinnerung an die Geschichte der Kirche und ihren jesuitischen Ursprung.

Ungeachtet ihres Zustands ist die Kirche in der Lage, den Besucher mit ihrem unvergleichlichen Charme und ihrer sakralen Patina in ihren Bann zu ziehen. Dieses architektonische Kleinod ist ein wichtiges Zeugnis der Geschichte und Kultur der Stadt und ein Muss für jeden, der die Glücksorte Siziliens besuchen möchte.

- Sant'Ignazio, Via XX Settembre, 91026 Mazara del Vallo
- ÖPNV: Haltestelle Stazione Mazara del Vallo

Von Hera zu Athena

15 Im Tal der Tempel in Agrigento

Wer von Süden an diesem Ort vorbeifährt, hat das Glück, eines der Relikte aus längst vergangenen Tagen stolz auf dem Hügel thronend zu bestaunen. Die Rede ist vom Heratempel in Agrigent. Mehr zur Zuordnung zur Göttin Hera im Folgenden, denn zunächst will erst mal das Auto geparkt werden. Die bedeutende archäologische Fundstätte im Süden Siziliens ist Zeuge der Größe, Macht und kulturellen Hochblüte der antiken Stadt Akragas, die die zweitwichtigste griechische Polis auf Sizilien war. Sie wurde auf einem Hochplateau aus Kalkstein errichtet, das eine hervorragende Lage zur Verteidigung bot. Heute ist dieser Ort als Tal der Tempel bekannt und zeigt in eindrucksvoller Weise die Überreste von Tempeln und einer Stadtmauer, die in eine Zeit vor über 2000 Jahren entführen. Vor allem der Concordiatempel wird oft genannt, da er zu den am besten erhaltenen Tempeln der griechischen Antike gehört. Er entkam nämlich dem Schicksal, als Steinbruch missbraucht zu werden, bevor das Interesse an der Antike im 18. Jahrhundert aufflammte. Auch Goethe, der bekanntermaßen Italien- und vor allem Sizilienfan war, beschreibt in seiner Italienischen Reise den Besuch des Tals der Tempel.

TIPP
Unbedingt an Hut und Sonnencreme denken. Die Sonne brennt unbarmherzig und es gibt kaum Schatten.

Der Tempel direkt am oberen Eingang ist als Hera- bzw. Junotempel in die Bücher eingegangen. Obwohl es schon immer Zweifel an der Zuordnung gab, konnte erst 2022 mit dem Fund von Statuenfragmenten bestätigt werden, dass dieser noch gut erhaltene Tempel, der weithin aus dem Tal sichtbar ist, nicht der Gattin des Zeus, Göttin der Ehe, Frauen und Familie, geweiht war. Stattdessen wurde hier schon vor fast 2500 Jahren Athena verehrt.

Der dorische Peripteros wurde etwa zwischen 460 und 450 v. Chr. errichtet und hat 6 × 13 Säulen. Er erhebt sich auf einem vierstufigen Unterbau, der sogenannten Krepis, der wie beim Concordiatempel auf einem Sockel errichtet ist. Mit dem Tempel im Rücken, dem Blick gen Meer gerichtet, kann man nur erahnen, wie herrlich dieser Ort in der Antike gewesen sein muss.

● Valle dei Templi, 92100 Agrigento, Tel. +39 (9 22) 1 83 99 96
parcovalledeitempli.it
● ÖPNV: Haltestelle Valle dei Templi

Ein malerischer Aufstieg

16 Auf der Salita della Madonna nach Taormina

Wer nach Sizilien reist, kommt am berühmten Taormina fast nicht vorbei. Das antike Theater und der phänomenale Ausblick über das Meer und zum nicht selten qualmenden Ätna haben seit jeher Maler, Fotografen und Touristen gleichermaßen in ihren Bann gezogen. Wenn da nur die Touristenmassen nicht wären … Denn wie schön Taormina ist, hat sich herumgesprochen.
Eine Möglichkeit, sich zumindest nicht direkt in die Menschenmenge zu stürzen, ist der Fußweg, der vom Bahnhof direkt am Meer bis oben an den Rand des historischen Stadtkerns führt. Einst gelangten Esel und Co. über diesen Pfad nach oben in die Stadt. Heute sorgt er für einen Aufstieg mit spektakulärer Aussicht. Und so kann man während des durchaus kräftezehrenden Aufstiegs die ein oder andere Verschnaufpause damit rechtfertigen, dass der Ausblick genossen werden will.
Salita della Madonna delle Grazie wird der Weg genannt, der vor allem am frühen Morgen, wenn es noch nicht ganz so heiß ist, zu empfehlen ist. Der Name ist auf die kleine Kapelle zurückzuführen, die der heiligen Maria von der Gnade bzw. italienisch Madonna delle Grazie gewidmet und die am Wegesrand zu bewundern ist. Das Fest zu Ehren der Madonna wird am 2. Juli begangen.
Am besten läuft man den Weg ohne Gepäck oder höchstens mit einem Rucksack, da er durchaus steil und anstrengend zu laufen ist – vor allem im sizilianischen Sommer, wenn Temperaturen über 35 Grad keine Seltenheit sind. Auf weniger als 1 Kilometer wollen 100 Höhenmeter zurückgelegt werden. Man kann direkt vom Bahnhof starten oder eine Unterkunft am Fuße des Berges, auf dem Taormina liegt, wählen und von dort loslaufen. Für einen Tagesausflug eignet sich der Parkplatz unterhalb des B & B Bella Vista.
Je höher man steigt, desto besser kann man die Bucht von Giardini-Naxos erkennen, die sich picture perfect Richtung Süden erstreckt. Teilweise kann man sowohl den Hang des Ätna als auch die Bucht in einem einzigen Bild festhalten.

TIPP

Oben schlendert man zwischen Schatten spendenden Bäumen durch die Gärten der Villa Comunale.

- Salita della Madonna delle Grazie, 98039 Taormina
- ÖPNV: Bahnhof Taormina

Im Strandparadies

17 Cala Azzurra in Favignana

Malerische Buchten, türkisfarbenes Meer … Was nach Karibik klingt, findet man auch hier im italienischen Süden auf Favignana, der größten der Ägadischen Inseln. Das kleine Eiland liegt nur einen Steinwurf von der Küste von Trapani entfernt und ist auch als Westen Siziliens bekannt. Kristallklares Wasser, in dem Boote zu schweben scheinen, und der strahlend weiße sandige Untergrund entlocken den Badegästen nicht selten einen langen Seufzer der Entzückung.

Vor allem in der Bucht Cala Azzurra findet sich zweifellos einer der schönsten Strände ganz Siziliens. Die Bucht zeichnet sich nicht nur durch ihr glasklares Wasser aus, durch das der weiße Meeresboden ganz nah zu sein scheint, sondern auch dadurch, dass die Reflexe teilweise rosafarben wirken. Das macht sie besonders eindrucksvoll, vor allem an Tagen, an denen Tramontana oder Mistral weht. Perfekt für alle, die die Schönheit des Mittelmeeres genießen möchten! Um zur Cala Azzurra zu gelangen, kann man die innere Straße der insgesamt 20 Quadratmeter großen Insel etwa 5 Kilometer entlangwandern oder zum Beispiel mit dem Fahrrad an der Küste entlangfahren. Egal, wie man sich entscheidet: Man wird begleitet von den weißen Häusern der Insel, die sich vom tiefblauen Meer absetzen. Als weitere Belohnung erhält man ein bezauberndes Panorama auf die sizilianische Küste und die Stadt Marsala. Ein wahr gewordener Inseltraum!

TIPP

Für pures Italienfeeling einen Roller mieten. Oder wie die Italiener sagen: ein „motorino".

Favignana wird aufgrund seiner Form auch liebevoll als Schmetterling des Mittelmeeres bezeichnet. Beim Blick auf die Karte benötigt man zwar ein wenig Fantasie, um den Kosenamen nachvollziehen zu können, aber hübsch ist er dennoch. Und er passt auch zur Insel, die eine wahre mediterrane Perle ist und mit Traumstränden begeistert – allen voran dem der Cala Azzurra. Klares Meerwasser und Co. locken selbst die Sizilianer an, die von den schönsten Stränden des Landes verwöhnt sind. Auch für sie bedeutet die Cala Azzurra ganz besonderes Meeresglück.

● Cala Azzurra, SP 39, SP Punta Marsala, 91023 Favignana

Zauberhafte Wasserfälle

18

An der Cascata delle due Rocche in Corleone

Sizilien hat vielerlei Höhepunkte zu bieten. Wenn man aber an die Highlights denkt, hat man normalerweise nicht das Bild eines Wasserfalls im Kopf. Genau das findet man jedoch in einem Ort, der üblicherweise eher in einem Atemzug mit der italienischen organisierten Kriminalität genannt wird, mit der Mafia. Es geht um das Örtchen Corleone, das sich im palermitanischen Inland befindet.

Hier findet man einen völlig unerwarteten Glücksort, der sogar unter Locals noch als Geheimtipp gehandelt wird: Die Cascata delle due Rocche di Corleone ist eine atemberaubende Wasserfallanlage, die sogar von einem Magazin zu den 15 schönsten Wasserfällen Italiens ernannt wurde. Der Wasserfall, der sich 4 Meter in die Tiefe stürzt, ist eingebettet in ein kleines, naturbelassenes Paradies, das eine zauberhafte Dimension zu bewahren scheint, und daher ein ausgezeichneter Grund, um das Dorf mal anders kennenzulernen.

TIPP

Am besten im Frühling kommen, wenn der Wasserfall viel Wasser führt und Blumen um den Teich blühen.

Corleone liegt auf 540 Metern über dem Meeresspiegel im bergigen Landesinneren Siziliens zwischen den Zwillingsfelsen Rocca di Maschi, die wie steinerne Wächter diesen Ort beschützen, dessen Geschichte bis ins 7. Jahrhundert v. Chr. zurückreicht.

Durch den Fluss San Leonardo gespeist, entstand dieser für Sizilien so untypische Wasserfall, der vielleicht nicht so spektakulär sein mag wie die größten Wasserfälle der Welt, der aber dennoch eine willkommene Abwechslung zum sonst eher kargen Landesinneren ist. Außerdem überrascht er mit einer Besonderheit: Während Wasserfälle sehr häufig nur durch Wanderungen zu erreichen sind, liegt dieser lediglich einen Steinwurf vom Stadtzentrum entfernt. Man kann rund 5 Minuten zu Fuß vom Wasserfall parken.

Durch ein Tor gelangt man ganz schnell zum idyllischen Areal und an die Stelle, die wie eine Filmkulisse erscheint. Begleitet vom stetigen Rauschen des fließenden Wassers und dem Zwitschern der Vögel kann man die Szenerie auf sich wirken lassen. Hier scheint der städtische Lärm so weit entfernt, dass man ihn beinahe gänzlich vergisst.

- Cascata delle due Rocche, Via due Rocche, 90034 Corleone
- ÖPNV: Haltestelle Corleone Via Santa Lucia

Die Magie der Felsen

19 An der Scala dei Turchi in Realmonte

An der Südküste Siziliens wartet eine einzigartige und bizarre Felsformation: die Scala dei Turchi, zu Deutsch „Treppe der Türken". Dabei handelt es sich um leuchtend weiße Terrassen, die sich majestätisch über dem türkisblauen Meer erheben und durch den Farbkontrast eine atemberaubende Kulisse haben entstehen lassen. Von Weitem könnte man meinen, dass es sich um ein gigantisches, von Menschenhand geschaffenes Kunstwerk handelt. Aber dem ist nicht so. Die Natur hat hier etwas ganz Besonderes hervorgebracht.

Die Terrassen sind aus Mergel, einem Sedimentgestein, das hauptsächlich aus Kalk und Ton besteht, und wurden ursprünglich durch Erosion und Verwitterung geformt. Nach und nach bekam der Fels große Ähnlichkeit mit einer Treppe. So kam es zum ersten Bestandteil des Namens. Man sagt, dass die Sarazenen, die im Volksmund als Türken bezeichnet wurden, diese Felsen als Landungssteg für ihre Angriffe nutzten. Und voilà, so erhielt die Scala dei Turchi den zweiten Namensbestandteil.

TIPP
Am Morgen ist noch wenig los, sodass man dann die Terrassen ganz für sich hat!

Man kann die Scala dei Turchi entweder aus der Entfernung von einem Aussichtspunkt am Straßenrand bestaunen oder den steilen Hang hinab zum Strand laufen. Unten angekommen, sind es noch wenige Hundert Meter zu den Terrassen, deren glatte weiße Felsen erklommen werden können. Wer den Aufstieg wagt, kann einen wahrhaft herrlichen Ausblick genießen.

Es ist nicht verwunderlich, dass die Scala dei Turchi von einigen renommierten Regisseuren in eine Filmkulisse verwandelt wurde. So kann man sie zum Beispiel entdecken, wenn man die italienische Fernsehserie über den Commissario Montalbano verfolgt.

Ohne Zweifel ist die Scala dei Turchi ein besonderes Ausflugsziel, das sowohl Touristen als auch Künstler und Naturliebhaber gleichermaßen in den Bann zieht. Ob beim Sonnenauf- bzw. Sonnenuntergang oder in Verbindung mit einem Strandtag im schönen Realmonte, bei dem man das klare Wasser und den weißen Sand genießt: Ein Trip zur Scala dei Turchi bleibt in Erinnerung.

● Scala dei Turchi, SP68, 182, 92010 Realmonte

Das Gefängnis der Stimmen

20

Am Ohr des Dionysos in Syrakus

Die Geschichte Siziliens reicht – wie man noch heute anhand der zahlreichen Ausgrabungsstätten, Ruinen und Co. erkennen kann – mehr als 2500 Jahre zurück. Ein Ort der frühen Besiedlung war Syrakus, das heutige Siracusa, das als eine der schönsten sizilianischen Städte gehandelt wird. Im 5. Jahrhundert v. Chr. herrschte hier Dionysos I., der oft als grausamer Tyrann dargestellt wird.

Dieser soll Gefangene in eine künstliche Höhle gesperrt haben, die heute als Ohr des Dionysos bekannt ist. Diesen Namen verdanken wir dem berühmten Maler Caravaggio. Er bemerkte die Ähnlichkeit der Höhle mit einem Ohr, die bis dahin „crypta loquens" (lateinisch für sprechende Höhle) genannt wurde. Doch auch wenn diese Höhle tatsächlich einem Ohr ähnelt, ist ihr wohl herausragendstes Merkmal die Akustik. Durch die Ausmaße der Höhle werden Geräusche um das 16-Fache verstärkt, sodass selbst leiseste Laute zu vernehmen sind.

TIPP

Wer das Ohr des Dionysos mit einem Guide erkundet, erfährt auch die faszinierenden Geschichten.

Nachdem Dionysos seine Gefangenen in dieser Höhle eingesperrt hatte, soll er ihren Gesprächen gelauscht und so von geheimen Plänen erfahren haben. Allerdings soll Dionysos nicht der Erste gewesen sein, der auf die Idee kam, die Höhlen als Gefängnis zu nutzen. Bereits davor sollen Gefangene sogar aus anderen Teilen Siziliens hierher gebracht worden sein, da die Höhlen von Syrakus als besonders ausbruchsichere Gefängnisse galten.

Entstanden ist der 23 Meter hohe, 11 Meter breite und nicht weniger als 60 Meter tiefe Hohlraum des Ohres des Dionysos, da die gesamte Gegend als Steinbruch, die sogenannte Latomia del Paradiso, genutzt wurde. Man benötigte den Stein als Baumaterial für die zahlreichen Monumente, sodass die Entstehung einer der bekanntesten Sehenswürdigkeiten der Stadt ein ungeplanter Nebeneffekt war. Wer das Ohr des Dionysos und noch weitere Highlights wie das in den Felsen gehauene antike griechische Theater oder den Altar Hierons II. bestaunen möchte, muss nur die archäologische Stätte Parco Archeologico (monumentale) della Neapolis ansteuern.

● Parco Archeologico della Neapoli, Via Ettore Romagnoli, 96100 Siracusa, Tel. +39 (9 31) 48 95 11

● ÖPNV: Bahnhof Siracusa

Siziliens Naturspektakel

21 In der Schlucht des Alcantara, Motta Camastra

Der aktivste Vulkan Europas, der Ätna, ist nicht nur selbst eine echte Attraktion. Er hat auch dafür gesorgt, dass die Umgebung mit der ein oder anderen Besonderheit aufwarten kann. Eine davon ist die Schlucht des Flusses Alcantara, die Gole dell'Alcantara. Sie sind ein beeindruckendes Naturwunder, das entstanden ist, als Lava mit Wasser in Kontakt kam und auf diese Weise schnell erkaltete.
Die Steilwände der Schlucht sind bis zu 50 Meter hoch und messen an breiten Stellen 5 Meter. Eiskaltes Wasser, das selbst im Sommer nicht mehr als 14 Grad erreicht, schießt durch die so geformten Kanäle. Ein Spektakel!
Waghalsige kommen ganz nah ran: Am Eingang zur Schlucht muss man wählen, wie man diesen Ort erleben möchte. Eine Möglichkeit ist es, sich einer geführten Tour anzuschließen und mit Neoprenanzug und Co. dem rauschenden Wasser entgegenzuschwimmen und zu klettern, denn der Schein, den der Fluss zu Beginn vermittelt, trügt. Das friedlich plätschernde Flüsschen mit dem durchaus idyllischen Strand aus Kieselsteinen wird sehr schnell sehr tief und die Strömung reißend.
Diese Art Ausflug wird passenderweise als Canyoning bezeichnet. Das kann man zwar auch auf eigene Faust und ohne Equipment, aber die Schlucht ist mit dem eiskalten, reißenden Wasser nicht ganz ungefährlich, sodass es sinnvoll ist, auf Nummer sicher zu gehen. Auch sogenanntes River Trekking ist möglich.
Wer nicht ganz so abenteuerlustig ist, kann auch einfach die Sonne am Strand genießen und ein Picknick veranstalten oder den Spaziergang auf dem Lehrpfad und durch den botanischen Garten machen, der entlang der Schlucht eingerichtet wurde. Immer wieder erwarten einen hier Aussichtspunkte, die – teilweise besser, teilweise nicht ganz so gut – Einblick in die Schlucht gewähren und klingende Namen wie „Balcone di Venere“ (Balkon der Liebesgöttin Venus) haben. Auf dem Weg lernt man anhand von Schildern zudem allerlei Wissenswertes über den Ort, die Fauna und Flora und so kann der Besuch rundum perfekt werden.

TIPP

Wasserschuhe, Sonnencreme und ein Hut sind hier die idealen Begleiter!

● Gole dell'Alcantara, SS185, 2, 98030 Motta Camastra, Tel. +39 (9 42) 98 50 10
golealcantara.it
● ÖPNV: Haltestelle Gole dell'Alcantara

Das schönste Theater

22

Bei den Tempeln von Segesta

Antike Tempelanlagen gibt es auf Sizilien viele. Römer und vor allem Griechen hinterließen mehr als nur Spuren ihrer Kultur auf der strategisch gut gelegenen Mittelmeerinsel. So ist es nicht verwunderlich, dass es kaum 1 Stunde von Trapani entfernt eine antike Stadt gegeben hat, in der unter anderem eines der wohl schönsten altgriechischen Theater zu finden ist. Oder doch?

Das heutige Segesta hieß früher Acesta oder Egesta und gehörte zu den wenigen Orten, die sich erfolgreich der Besiedlung durch die Griechen widersetzten. Hier lebte das Volk der Elymer, eines der drei sizilianischen Urvölker, das im westlichen Teil Siziliens siedelte. Sie stammen der Sage nach von Trojanern ab, die nach dem Fall ihrer Stadt über das Meer flohen und sich im gesamten Mittelmeerraum neue Heimaten erschlossen. Eine davon war Westsizilien, wo die Elymer drei große Zentren errichteten: Eryx (das heutige Erice), Entella und Egesta, das heute Segesta genannt wird.

Während der Großteil Siziliens von Griechen besiedelt wurde, konnten sich die Elymer erfolgreich durchsetzen und mit den Einwanderern koexistieren. Auch als die Karthager gegen die Griechen um Sizilien kämpften, blieben die Elymer neutral. Wie kommt es dann, dass gerade hier so gut erhaltene griechische Architektur zu finden ist, die höchstens von den Tempeln im Tal der Tempel in ihrem guten Erhaltungszustand übertroffen werden? Die wahre Antwort weiß zwar niemand, aber wahrscheinlich war der griechische Baustil schlicht in Mode.

Und so findet man heute den majestätisch auf seinem Hügel thronenden dorischen Tempel, der zu den eindrucksvollsten baulichen Meisterwerken dieser Zeit zählt, und das vermutlich schönste Amphitheater der Insel genau hier: in Segesta. Das Theater ist halbkreisförmig und bietet einen spektakulären Anblick. Während Aufführungen im Sommer wird die antike Kultur zum Leben erweckt und man kann versuchen, sich vorzustellen, wie es vor über 2000 Jahren gewesen sein muss, hier ein Theaterstück zu erleben.

TIPP

Der Tempel ist bei Malern beliebt. Mit Leinwand und Staffelei kann man sich einmal selbst versuchen.

● Parco Archeologico di Segesta, Contrada Barbaro, 91013 Calatafimi, Tel. +39 (9 24) 95 23 56, parcodisegesta.com

Die geflügelte Göttin

23 Die Nike von Chalkis in Giardini Naxos

Am Fuße von Taormina liegt ein ehemaliger Fischerort, der heute durch seine gute Lage, den weitläufigen Sandstrand und die schöne Strandpromenade, die mit vielen Eisdielen und Restaurants zum Flanieren und Genießen einlädt, ein beliebter Ferienort ist: Giardini Naxos. Bereits 734 v. Chr. siedelten hier die ersten Griechen und machten Giardini Naxos zur ersten griechischen Kolonie auf Sizilien. Die Siedler kamen von der griechischen Insel Naxos und gaben dem Ort daher den Namen in Anlehnung an ihre Heimat.

Mehr als 2500 Jahre später schuf der sizilianische Bildhauer Carmelo Mendola eine Bronzestatue, die die historische Essenz des Ortes zusammenfassen und zu seinem Wahrzeichen werden sollte. Die Nike di Chalkis ist inspiriert von der Nike von Samothrake, die im Louvre bewundert werden kann, hat aber dennoch einen ganz eigenen Stil. Manche mögen sie vielleicht für einen Engel halten, aber bei der Statue handelt es sich ganz klar um die geflügelte griechische Siegesgöttin Nike. Sie dient als Bindeglied zwischen der sizilianischen und der griechischen Kultur. Um diese Verbindung perfekt zu machen, wurde 1980 in Chalkida, wie Chalkis heute heißt, eine exakte Kopie der Nike di Chalkis errichtet, die die gemeinsame Geschichte bezeugen soll.

TIPP

Bei einem Spaziergang entlang der Promenade kann man von der Nike- zur Theokles-Statue laufen.

Nike wird häufig zusammen mit der Göttin Athene dargestellt und ist eine der vier Göttinnen, die menschliche Werte personifizieren: die anderen drei sind Bia, die Personifizierung der Stärke, Cratos, die Personifizierung der Macht, und Zelos, die Personifizierung der Rivalität.

Die Nike-Statue in Giardini Naxos befindet sich etwa 300 Meter hinter dem Hafen im ältesten Stadtteil Schisò. Dort thront sie auf ihrem steinernen Sockel, wo sie sich vom tiefblauen Meer absetzt, über das sie zu wachen scheint, und blickt auf die spitz auslaufende Landzunge aus Lavagestein von Schisò, wo die griechischen Siedler mit ihren Schiffen angelandet haben sollen. Hinter ihr ist in der Ferne das italienische Festland auszumachen.

- La Nike, Via Calcide Eubea, 98035 Giardini Naxos
- ÖPNV: Haltestelle Giardini Naxos Recanati Bus Terminal

Die glamouröse Perle

24 Auf der Insel Panarea

Vor der Nordküste Siziliens liegen die sieben Äolischen oder auch Liparischen Inseln. Die kleinste von ihnen, Panarea, hat sich nach der Jahrtausendwende zu einem Paradies der Schönen und Reichen gemausert. Denn trotz ihrer geringen Fläche von nur 3,4 Quadratkilometern beeindruckt sie mit ihrer Schönheit. Kristallklares Wasser und malerische Strände locken Besucher aus aller Welt hierher.

Während die Insel über die Wintermonate stets in einen kleinen Dornröschenschlaf fällt, ist hier im Sommer mächtig was los. Die High Society geht hier ein und aus und so kann man schon mal Giorgio Armani, Will Smith, Jeff Bezos, Orlando Bloom, Katy Perry, Bradley Cooper, Oprah Winfrey, Rihanna oder Lady Gaga über den Weg laufen, die sich hier in ihren luxuriösen Villen niederlassen. Die Insel ist zu einem wahren Hotspot der Stars und Sternchen geworden und beherbergt jeden Sommer die glamouröseste Szene des Mittelmeerraums.

TIPP
Ein Abstecher zur Kirche San Pietro, dem Schutzpatron der Insel und der Fischer, lohnt sich!

Dass Panarea so beliebt geworden ist, liegt nicht nur an den exklusiven Geschäften, Restaurants und Clubs, sondern auch daran, dass sie nicht nur die kleinste, sondern wohl auch die hübscheste der Äolischen Inseln ist. Die Dörfer sind von engen Gassen mit weiß getünchten Häusern gekennzeichnet. Aber der Großteil der Insel ist tatsächlich naturbelassen und so kann man zum Beispiel von San Pietro, wo die Schiffe anlanden, einfach rechts laufen und immer weiter den Gässchen folgen, bis man nach rund 15 Minuten die weißen Häuschen mit den blauen Fensterläden hinter sich lässt.

Ein Aussichtspunkt wartet in der rauen süditalienischen Landschaft aus Felsen, Büschen und Kakteen. Im Frühling blüht der Ginster hier leuchtend gelb und bildet einen atemberaubenden Kontrast zum tiefblauen Meer. In der Ferne erhebt sich mächtig und magisch der perfekte Kegel der Insel bzw. des gleichnamigen Vulkans Stromboli.

An diesem Aussichtspunkt möchte man am liebsten ewig verharren, sich den Tag vielleicht mit einem Picknick versüßen und sich weiter fernab der Zivilisation fühlen.

- Punto Panoramico, Via Iditella Farici, 98050 Panarea
- ÖPNV: Mit der Fähre ab Milazzo bis San Pietro, Panarea

Per Seilbahn ins Glück

25 Mit der Funivia von Trapani nach Erice

In 750 Metern über dem Meer liegt auf dem Monte Erice die gleichnamige Stadt. Erice ist eine antike Gründung der Elymer, die der Sage nach, von Aeneas angeführt, nach der Zerstörung Trojas ihren Weg nach Sizilien fanden und dort die drei Städte Eryx, Entella und Egesta gründeten. Im Laufe der Jahrhunderte bzw. Jahrtausende erlebte die Stadt Ausbauten, Eroberungen und Verfall. Unter den Normannen wurde sie neu aufgebaut und erhielt den neuen Namen Monte San Giuliano, den sie bis 1934 behielt. Dann bekam Erice seinen ursprünglichen Namen zurück.

Die mittelalterliche Stadt thront weiter majestätisch auf ihrem Berg, der sich in der sonst eher flachen Umgebung stark absetzt und dessen Gipfel häufig von einer eigenen Wolke eingehüllt wird. Auf der einen Seite das Mittelmeer, auf der anderen das sizilianische Hinterland hat man von oben – so die Stadt nicht in ihrer Wolke verschwindet – einen fantastischen Ausblick. Wer Erice einen Besuch abstatten möchte, kann entweder über die sich steil nach oben schlängelnde Straße auf den Berg fahren und vor dem Stadttor parken oder mit der Seilbahn den Weg nach oben antreten.

Wenn man mit der Funivia Trapani-Erice in nur 10 Minuten nach oben fährt, hört man, nachdem sich die elektrischen Türen hinter einem geschlossen haben, nichts weiter als das sanfte Brummen des Motors, der die Kabine langsam weiter dem Gipfel entgegenträgt. Dann ist es Zeit, das Panorama zu genießen.

In der einen Richtung blickt man aufs blau glitzernde Meer und kann bei gutem Wetter die Ägadischen Inseln ausmachen. In der anderen Richtung nähert sich die Bergstation. Vorausgesetzt, sie verschwindet nicht in der Wolke. An solchen Tagen ist es, als würde man durch einen Nebelschleier in eine andere Welt gleiten. Aber nicht Avalon wartet, sobald sich der vermeintliche Nebel lichtet, sondern das bezaubernde Erice. Oben angekommen, kann man entspannt durch die engen kopfsteingepflasterten Gassen schlendern und den urigen Charme auf sich wirken lassen.

TIPP

Die süßen Spezialitäten aus Erice, Torrone und Genovesi nicht verpassen!

- Talstation der Funivia Trapani-Erice, SP31 per Erice, 91016 Casa Santa, Tel. +39 (9 23) 56 93 06, funiviaerice.it
- ÖPNV: Haltestelle Funivia

Magische Marslandschaft

26 Wandern auf den Silvestri-Kratern

Wenn eins bezeichnend für Sizilien ist, dann wohl der über 3300 Meter hohe Ätna. Europas aktivster Vulkan prägt den Osten der Insel, sorgt für fruchtbaren Boden, für ein einzigartiges Panorama, aber auch für sorgenvolle Momente. Denn man weiß nie, wann die Erde wieder bebt oder wo genau der nächste Ausbruch stattfindet. In der Regel können Messgeräte heutzutage jedoch im Voraus feststellen, ob eine Eruption ansteht, um Wanderungen auf dem Naturmonument gefahrlos möglich zu machen.

Mit dem Auto geht es zum Rifugio Sapienza, einer Schutzhütte am Südhang des Vulkans auf 1910 Metern. Hier warten neben der Berghütte Parkplätze, Souvenirläden und die Talstation der Seilbahn. Wer in Richtung Gipfel möchte, muss das Auto stehen lassen und auf die Funivia umsteigen oder den steilen Aufstieg zu Fuß wagen.

Nur wenn die Funivia nicht in Betrieb ist, aber die Wetterverhältnisse es zulassen, können spezielle Fahrzeuge über die für die Öffentlichkeit gesperrte Straße auf 2900 Meter zur Bergstation hinauffahren. In die Nähe des Hauptkraters gelangt man jedoch nur mit einem ausgebildeten Guide. Aber man muss nicht die schweißtreibende Wanderung oder die kostspielige Seilbahnfahrt antreten, um auf dem Ätna Vulkanfeeling zu bekommen. Ganz in der Nähe des Rifugio Sapienza und den Parkplätzen warten nämlich zwei erloschene Krater, die Silvestri-Berge. Die beeindruckenden Kegel können schnell erreicht und problemlos erwandert werden – sogar mit der ganzen Familie. Entstanden sind die beiden Schlackenkegel bei einem Ausbruch im Jahr 1892. Der südliche Krater ist der Monte Silvestri Inferiore, der nördliche wurde Monte Silvestri Superiore getauft.

Bei der Wanderung durch die karge Felsenlandschaft erschleicht einen schon mal das Gefühl, dass es einen plötzlich auf den Mars verschlagen hat. Nur vereinzelte Marienkäfer oder Eidechsen, die sich zwischen dem Lavagestein wohlfühlen, sowie der Blick ins Tal und aufs Mittelmeer erinnern daran, dass man sich noch auf der Erde befindet.

TIPP

Wer länger Vulkanluft schnuppern möchte, kann im Rifugio Sapienza übernachten.

● Monti Silvestri, Piazzale Crateri Silvestri, 95030 Nicolosi (Anfahrt mit Auto oder einer Tour)

Tempel mit Meerblick

27

Im archäologischen Park in Selinunte

Tempelanlagen gibt es auf Sizilien viele. Sie alle haben ihren eigenen, besonderen Reiz. Die durch ihre Lage direkt am Meer vielleicht schönste und eindrucksvollste von ihnen ist die in Selinunte. Und nebenbei ist sie auch die größte Anlage ganz Europas. Mit Blick aufs Meer kann man zu Fuß auf dem über 1700 Quadratmeter großen Areal auf Erkundungstour gehen oder aber direkt am Eingang einen Shuttle hinzubuchen, sodass man sich in einem luftigen Golfcart von Highlight zu Highlight fahren lassen kann, während die Fahrer bereitwillig ihr Wissen zu Tempeln, Heiligtümern und Altären teilen.
Selinunte war eine griechische Kolonie, die im Jahr 628 v. Chr. gegründet wurde. Kaum mehr als 200 Jahre nach ihrer Gründung wurde die Stadt von Karthagern und Elymern, einem der Urvölker Siziliens, zerstört. Bis ins Mittelalter lebten kleine Gemeinschaften in den Ruinen, bis ein Erdbeben alles beendete.
Auch wenn Selinuntes Akropolis und das Heiligtum des Malophoros sowie die anderen elf Tempel aus dem 6. und 5. Jahrhundert v. Chr. im östlichen Bereich mit Sicherheit einen Ausflug wert sind, so ist der wahre Schatz der sogenannte Tempel E, der wahrscheinlich der Göttin Hera geweiht war. Er liegt dem Eingangsbereich des Parks am nächsten und ist innerhalb von wenigen Minuten zu Fuß zu erreichen.

TIPP
Beim Warten auf das nächste Shuttle auf der Akropolis unbedingt eine Granita genießen!

Majestätisch thront der mit 50 mal 110 Metern zu den größten griechischen Heiligtümern gehörende Tempel über dem Meer. Eine Besonderheit ist, dass es erlaubt ist, den Tempel von innen zu besichtigen. Umgeben von den 6 mal 15 Säulen fühlt man sich ganz klein und kann zumindest versuchen, sich in die Zeit vor 2500 Jahren zu versetzen. Obwohl bei genauem Hinsehen an diesem Tempel noch Spuren der sogenannten Polychromie zu sehen sind, ist es kaum vorstellbar, dass die heute farblosen griechischen Tempel früher einmal kunterbunt gewesen sein sollen. Einen besseren Eindruck davon vermitteln die Schilder, die auch sonst Hintergrundinformationen zum Tempel geben.

● Parco Archeologico di Selinunte, Via Giovanni Caboto 155, 91022 Castelvetrano, Tel. +39 (9 24) 4 62 77, visitselinunte.com
● ÖPNV: Haltestelle Piazza Persefone

Die kleine Heilige

28 Im Santuario di Santa Rosalia in Palermo

Dass Johann Wolfgang von Goethe ein großer Italienfan war, ist dank seiner drei berühmten italienischen Reisen allseits bekannt. Seine absolute Begeisterung für Sizilien hingegen nicht ganz so sehr. Auch der Monte Pellegrino fand den Weg in seine Aufzeichnungen und er ließ ihn häufig malen. Er nannte ihn „das schönste aller Vorgebirge der Welt". Aber der Berg ist nicht nur wegen seiner äußerlichen Form und der rohen Schroffheit des Kalksteins mit den Pinienwäldern beeindruckend. Auf ihm befindet sich auch ein besonderes Heiligtum. Im 12. Jahrhundert soll hier Rosalia gelebt haben und jung gestorben sein. Zu ihrem Leben gibt es keine Aufzeichnungen, sodass fast alles reine Fiktion ist. Auch die Entdeckung ihrer Knochen wird in ganz unterschiedlichen Legenden erzählt. Eine davon berichtet, dass sie im 17. Jahrhundert zwei Eremiten erschienen sein soll – unverwest, mit einem Kranz aus Rosen. Sie fanden daraufhin ihre Reliquien und überführten sie nach Palermo. Zu dieser Zeit wütete der „Schwarze Tod" in der sizilianischen Hauptstadt. Die Epidemie fand mit der Ankunft der Ganzkörperreliquie ein abruptes Ende und so beteten die Menschen fortan zu Santa Rosalia, um von ihr vor der Pest geschützt zu werden. Der Eingang zur Höhle auf dem Gipfel des Monte Pellegrino, in der ihre Gebeine gefunden wurden, wurde 1625 zu einer Barockkapelle umgebaut. Im Innern wird die Heilige, die von den Bürgern Palermos liebevoll „la Santuzza" (die kleine Heilige) genannt wird, mit einem Schrein und Statuen verehrt. Ihre Reliquien befinden sich zwar auch heute noch in der Stadt, aber die Kapelle wurde zu einem Wallfahrtsort. Heutzutage wird sie nicht nur als Pestheilige, sondern vor allem als eine der Stadtpatronen verehrt. Das Fest der Santa Rosalia ist daher ein wichtiger Feiertag der Palermitaner geworden. So findet weiterhin jedes Jahr in der Nacht vom 3. auf den 4. September eine Wallfahrt über 4 Kilometer auf den Pilgerberg statt.

TIPP

Für volles Palermofeeling unbedingt bei einer Wallfahrt zum Santuario dabei sein!

● Santuario di Santa Rosalia, Via Bonanno Pietro, 90142 Palermo
santuariosantarosalia.it
● ÖPNV: Haltestelle Santuario
(im September auch Shuttlebusse ab Largo Sellerio)

INSCVLPTIS ERVTVM
QVISQVIS ADES
HIC ORETI GLORIAM
PALERMO
IDON

Mythos & Meisterwerk

29 Fontana di Diana am Piazza Archimede, Syrakus

Ortygia ist die auf einer Halbinsel gelegene, wuselige Altstadt des geschichtsträchtigen Syrakus. Man vernimmt Sprachen aus der ganzen Welt, Eisdielen und Cafés reihen sich aneinander und nicht selten leidet man hier während der Erkundungstour per pedes unter rauchenden Füßen. Die Bänke um die Piazza Archimede mit Blick auf die Fontana di Diana bieten eine willkommene Möglichkeit, sich mit einem der besten Gelati des Landes, am besten typisch sizilianisch Pistazieneis in einem Brioche, hinzusetzen und die Eindrücke der Stadt auf sich wirken zu lassen.

Syrakus blickt auf rund 2700 Jahre Geschichte zurück. Die Stadt ist unter anderem bekannt dafür, dass der berühmte Mathematiker und Ingenieur Archimedes hier geboren wurde und lebte. Ihm zu Ehren gibt es bis heute einen Platz, der seinen Namen trägt: die Piazza Archimede. Dieser ist nach dem Domplatz der wichtigste Platz im historischen Zentrum von Syrakus.

TIPP

Das Eis von Don Peppinu unweit der Piazza hat bereits Preise gewonnen. Unbedingt probieren!

1906 erhielt der Bildhauer Giulio Moschetti den Auftrag, ein Monument für die Mitte ebendieses Platzes zu errichten. Er schuf nicht nur eine monumentale Brunnenanlage, sondern auch ein neues Wahrzeichen der Stadt Syrakus, das einen Mythos aufgreift, in dem Syrakus zum Schutzort einer in Not geratenen Nymphe wird. Im Mittelpunkt der Fontana di Diana steht mit ihrem Bogen und einem Hund die Göttin Diana, Tochter des Zeus und Schwester des Apollo, Göttin der Jagd und des Mondes, Beschützerin der Frauen und Mädchen. Die Szene zeigt einen Mythos, der von Pindar, Ovid und Pausanias behandelt wird, laut dem Diana die schöne Nymphe Arethusa vor dem sie verfolgenden Flussgott Alpheus beschützt, indem sie sie in eine unterirdische Quelle verwandelt. Als Fluss floss sie unter dem Meer hindurch und trat in Syrakus, in sicherer Entfernung von dem aufdringlichen Gott, wieder aus.

Neben der imposanten Diana, die ihre Erkennungsmerkmale trägt, Arethusa und Alpheus finden sich in der Brunnenanlage vier Tritone, die auf Meerespferden bzw. Wasserungeheuern reiten.

- Fontana di Diana, Piazza Archimede, 96100 Siracusa
- ÖPNV: Haltestelle Stazione Siracusa

DI SICILIA

Alten Zutaten auf der Spur

30

Im Agriturismo Capuano in Gangi

Eingebettet in eine malerische Hügellandschaft, in der sich, so weit das Auge reicht, im Frühling das dunkle Rot des Süßklees und das satte Grün der Bäume und Felder abwechseln, liegt etwas versteckt der landwirtschaftliche Hof von Totò Lovecchio und seiner Frau – das Agriturismo Capuano.

Den beiden Besitzern ist schon lange klar: Essen ist so viel mehr als nur Nahrungsaufnahme. Es ist das Wissen um die Lebensmittel, Traditionen und Volksweisheiten. Deswegen hat das herzliche Ehepaar es sich zur Lebensaufgabe gemacht, ein bisschen von diesem Wissen weiterzugeben und vor allem selbst in seinen Alltag zu integrieren.

Wer dieses kleine Paradies im Herzen Siziliens entdeckt und hier nächtigt, sollte sich die Mahlzeiten auf keinen Fall entgehen lassen. Denn hier kommt nur Selbstgemachtes auf den Tisch. Anbau und Produktion erfolgen mit Leidenschaft und Liebe zu den sogenannten „antichi sapori", dem alten Geschmack Siziliens, der durch industrielle Verarbeitung in den letzten Jahrzehnten immer weiter ins Vergessen geraten ist.

TIPP

Einfach mal das Handy ausmachen und die Oase der Ruhe genießen!

Gemüse und Obst sind saisonal und aus eigenem Anbau. Auch wenn das heißt, dass man nicht das ganze Jahr über seine Lieblingsgemüsesorten essen kann. Die Pasta? Die ist natürlich ebenfalls selbst gemacht, und zwar aus dem Weizen, der vor der Tür wächst. Das Olivenöl ist selbst gepresst und der Wein selbst gekeltert. Die Produktion reicht für die Verwendung in der eigenen Küche. Für den Verkauf ist sie nicht vorgesehen.

Hier ist der perfekte Ort zum Entschleunigen. Totò erzählt in einer ruhigen Minute bereitwillig von der Geschichte des Capuano und selbst ohne Italienischkenntnisse funktioniert die Kommunikation auf magische Weise, notfalls mit Händen und Füßen. Und so erfährt man so allerlei Wissenswertes über die hiesigen Pflanzen, das Obst, das Gemüse und die Gewürze. Wer möchte, kann Totò auf seinen Streifzügen durch die Hügel auf der Suche nach den Zutaten für die nächste Mahlzeit begleiten oder sogar einen kleinen Kochkurs bei ihm machen.

● Agriturismo Capuano, Contrada Capuano, snc, 90024 Gangi,
Tel. +39 (9 21) 64 41 32, agriturismocapuano.com

Der Sieg über den Drachen

31

Auf dem Belvedere von Caltabellotta

Caltabellotta findet man selten auf der Liste der Must-sees von Sizilienreisenden. Schade eigentlich! Denn das Dorf mit nicht einmal 4000 Seelen ist ein echtes Juwel und noch dazu von historischer Bedeutung. Über Serpentinen schlängelt sich eine Straße im hohen Bogen um die Altstadt und führt zur alten Einsiedelei mit Kloster und Kirche des heiligen Peregrinus. Sie befindet sich auf dem höchsten Punkt des Berges und wurde im 17. Jahrhundert erbaut. Das Kloster wurde auf den Grundmauern eines normannischen Gebäudes errichtet, das wiederum auf den Überresten einer arabischen Festung stand. Das kulturelle Erbe Siziliens wird hier mal wieder deutlich.
Der Legende zufolge wurde Pellegrino, der ursprünglich aus Griechenland stammte, von Petrus nach Rom gerufen. Dieser entsandte ihn nach Sizilien. Der Heilige kam nach Caltabellotta, da die Bevölkerung von einem Drachen terrorisiert wurde, der Kinder als Opfer forderte und diese dann mit Haut und Haaren verschlang. Es gelang Pellegrino, das Ungeheuer zu besiegen und die Stadt von dem Monster zu befreien. Er verbrachte seine letzten Tage in derselben Höhle, in der der Drache gehaust hatte. Es wird erzählt, dass der Heilige selbst nach seinem Tod Wunder wirkte und viele Kranke heilte. Deswegen wurden dem Schutzheiligen, dem die Kirche geweiht ist, gleich zwei Statuen gewidmet: eine hölzerne und eine aus Marmor.
Direkt vor dem Kloster wartet ein Parkplatz und daneben eine Art Balkon mit einem fantastischen Blick über die Stadt und bis zum Meer, der Belvedere genannt wird. Bäume spenden Schatten, sodass man hier der heißen sizilianischen Sonne entgehen kann, und Bänke laden zum Verweilen ein.
Wen ein Hüngerchen ereilt, braucht sich keine Gedanken zu machen. Denn für das leibliche Wohl ist gesorgt. Direkt am Parkplatz gibt es in einem kleinen Restaurant Speis und Trank. Ansonsten kann man Ruhe finden, die das Herz umarmt, und die Geschichte Caltabellottas auf sich wirken lassen.

TIPP
Im Kloster befinden sich zwei Grotten: die des Heiligen und die des Drachen.

● Belvedere di Caltabellotta, Piazza Giovanni XXIII, 92010 Caltabellotta

Naturparadies

32 Im Valle dell'Anapo

In der Provinz Syrakus liegt ein bisschen versteckt in den Gemeinden Buscemi, Cassaro, Ferla, Palazzolo Acreide und Sortino ein besonderes Naturparadies, das glückselige Draußen-Zeit verspricht. Das Naturreservat Pantalica, Valle dell'Anapo e Torrente Cava Grande wurde daher auch 2005 zum UNESCO-Weltkulturerbe ernannt. Es beheimatet außerdem die größte Nekropole Europas. Hier verbergen sich Tausende Gräber, die in den Felsen gehauen wurden. Auch gibt es zwei Karsthöhlen, die Grotta dei Pipistrelli (Grotte der Fledermäuse) und die Grotta Trovato, die durch Wind und Wetter im Laufe der Jahrtausende entstanden sind. Von diesen Grotten leitet sich auch der Name Pantalica ab, der auf den arabischen Begriff „Buntarigah“ für Höhle zurückzuführen ist. Erste Siedlungen gab es hier bereits während des Übergangs zwischen der Bronze- zur Eisenzeit, als die Sikuler die indigene Bevölkerung zwangen, von der Küstenregion ins Landesinnere umzusiedeln.

TIPP
Genügend Wasser mitbringen und Wanderausrüstung nicht vergessen.

Das Naturreservat ist gut beschildert, sodass man es durchaus allein erwandern kann. Alternativ werden auch Führungen organisiert, um eine Wanderung in der Gruppe zu unternehmen. Zu erkunden gibt es vieles: die alte Kapelle San Nicolicchio, ein Dorf mit Relikten aus byzantinischer Zeit und natürlich die spektakuläre Landschaft selbst.

Um das gesamte Gelände zu sehen, kann man gut bis zu 5 Stunden einplanen, aber es gibt auch kürzere Rundwege. Vom Eingang „lato Sortina“ zum Beispiel erreicht man das Tal des Flusses Anapo nach etwa 1 Kilometer. Vorbei an der Fledermausgrotte gelangt man schließlich an den Fluss, der durch sein kristallklares, herrlich blau-grünes Wasser in Staunen versetzt.

Darin zu baden ist zwar verboten, aber nur an den Wasserrand setzen und den Blick über die unberührte Flora und Fauna schweifen lassen, einen Frosch auf einem Stein im Wasser beobachten oder einfach das meditative Plätschern des Flusses genießen … Das ist die lebendig gewordene Poesie der Natur und der Zauber dieses Tals!

● Valle dell'Anapo, Via Pantalica 11, 96010 Sortino, pantalica.org

Wie aus 1001 Nacht

33 Im Castello della Zisa in Palermo

Palermo ist ein Schmelztiegel der Kulturen. Schon in der Antike beherrschten verschiedene Mächte die Königin des Mittelmeeres, die durch ihre Lage auch als Bindeglied zwischen Orient und Okzident gilt. Phönizier, Griechen, Karthager und Römer … Alle strebten sie danach, ihr Einflussgebiet auf Sizilien auszuweiten. Es gelang ihnen allen. Aber jeweils nur für eine kurze Zeit. Dieses Muster zieht sich durch die Geschichte, sodass Sizilien nicht weniger als 13 Kulturen kommen und gehen sah und sogar eine Weile ein eigenständiges Königreich war, bis die Insel Teil von Italien wurde. All diese Kulturen hinterließen ihre Spuren, sodass Essen, Architektur und sogar die Sprache – das Sizilianische, das nicht als Dialekt des Italienischen gilt – stark von Multikulti geprägt sind. Ein Ort, an dem man dies besonders gut erkennen kann, ist das Castello della Zisa oder einfach nur La Zisa. Eigentlich war sie die Sommerresidenz der normannischen Könige von Sizilien und ist einer der am besten erhaltenen normannischen Paläste der Region. 1165 bis 1167 erbaut, würde man einen romanischen Bau erwarten. La Zisa vereint jedoch den normannischen und arabischen Stil. Auch der Name leitet sich vom arabischen Wort „al-aziz" ab, was so viel wie mächtig bedeutet. Im Innern befindet sich das Museum für Islamische Kunst. Gebäude wie La Zisa zeugen von der arabischen Vorherrschaft im 10. und 11. Jahrhundert. Aus dieser Zeit sind zwar keine Bauwerke erhalten, aber da die Mehrheit der Bevölkerung auch in der Folge noch arabisch war, finden sich die entsprechenden Einflüsse an unterschiedlichen Stellen auf der ganzen Insel. Obwohl La Zisa im Laufe der Zeit einige Umbauten miterlebt hat und zum Beispiel eine Zeit lang ein Barockpalast war, wurde alles rückgängig gemacht. So kann der Bau in seiner ursprünglichen Form bewundert werden, der sich mächtig im ehemaligen königlichen Garten erhebt. Wer also das arabisch angehauchte Sizilien kennenlernen möchte, kommt um La Zisa nicht herum.

TIPP

Für noch mehr arabisch-normannische Architektur kann man einen Besuch in La Cuba einplanen.

- Castello della Zisa, Piazza Zisa, 90135 Palermo
- ÖPNV: Haltestelle Castello Alla Zisa

Aussterbendes Handwerk

34

Beim Schiffsbauer Rodolico in Aci Castello

Seit jeher zieht es die Menschen aufs Meer hinaus. Über Jahrtausende bedeutete dies jedoch den Aufbruch ins Ungewisse. Umso wichtiger war es, dass man sich auf sein Gefährt verlassen konnte. Dafür sorgten stets die Bootsbauer, die auf Italienisch „mastri dell'ascia" heißen. Diese fertigten nicht einfach Boote, sondern kunstvolle Strukturen, wobei sie die Fähigkeiten von Designern, Ingenieuren, Schreinern und Künstlern in sich vereinten wie kaum ein anderer Handwerksberuf. Die Boote wurden mit Szenen aus der Mythologie bemalt, zum Beispiel mit Sirenen, die verführerisch und tödlich wie das Meer selbst waren, oder mit Augen, die den Kurs vorausahnen konnten.

Allerdings wurde dieses Handwerk im Laufe der letzten Jahrzehnte immer weniger gebraucht. Nachdem ihre Fähigkeiten in der Vergangenheit so bedeutend waren, werden Schiffe heutzutage schlicht nicht mehr von Hand und aus Holz gebaut. Aber die Geschichte und Traditionen des Bootsbaus verdienen es, bewahrt zu werden.

Der letzte Ort, an dem man noch etwas über dieses noble Kunsthandwerk erfahren kann, ist das Cantiere Navale Rodolico in Acitrezza. Die Werkstatt wurde gegen Ende des 19. Jahrhunderts von Salvatore Rodolico gegründet, der gemeinsam mit seinem Sohn begann, Ruder- und Segelboote zu bauen.

Seine Blütezeit erlebte die Werkstatt in den 1960er-Jahren, als die Familie den Schwerpunkt auf den Bau von imposanten Fischerbooten verlegte. Plötzlich erhielten sie Aufträge aus ganz Italien, sodass die Holzboote aus dem Cantiere Rodolico vor der Küste der Toskana, von Ligurien, den Liparischen Inseln und Elbas fuhren.

Heute ist der Urenkel des Gründers Giovanni Rodolico der letzte „mastro dell'ascia". Damit das Wissen um diese Handwerkskunst nicht verloren geht, kann die Familie auf die Unterstützung des Kulturvereins von Acitrezza zählen. Sie hoffen, dass es irgendwann möglich sein wird, aus der Werkstatt ein kleines Museum zu machen, damit das Erbe um das Traditionshandwerk weiterleben kann.

TIPP

Wer an der Riviera dei Ciclopi spazieren geht, kann auch eine Via Rodolico entdecken!

● Cantiere Navale Rodolico, Via Lungomare dei Ciclopi 193, 95021 Aci Castello
● ÖPNV: Haltestelle Terminal Aci Trezza

Die legendäre Burg

35

Altstadt von Caccamo mit Castello

Das in der Provinz Palermo gelegene Caccamo ist eine Stadt der zwei Welten: Während die moderne Stadt von Landwirtschaft und Viehzucht lebt und für die Möbelindustrie sowie seine Molkereiprodukte bekannt ist, scheint im historischen Zentrum die Zeit stehen geblieben zu sein. Die gesamte Altstadt ist eine einzige Sehenswürdigkeit, die bewahrt werden konnte, weil zum Beispiel eine Umgehungsstraße um sie herumführt, sodass das Stadtbild kaum von modernen Straßen und Autos verändert wurde. Stattdessen erwarten einen hier enge mittelalterliche Gassen und ein gut erhaltenes Stadtbild aus früheren Tagen.

Die Geschichte von Caccamo reicht – wie so häufig in Sizilien – weit zurück, und es wird vermutet, dass die Stadt bereits von den Karthagern im Jahr 480 v. Chr. gegründet wurde. Die Burg von Caccamo, die heute nicht nur als Aussichtsturm, sondern vielmehr als Wahrzeichen der Stadt dient, wurde im Laufe der Jahrhunderte zu einer der größten Burgen Siziliens ausgebaut. Neben der Burg sind auch die zahlreichen Kirchen der Stadt sehenswert, so zum Beispiel der Dom, die Kirche der heiligen Jungfrau und die Kirche des heiligen Benedikt.

Um die Energie dieses einzigartigen Ortes aufzusaugen, muss man sich aber gar nicht ins Getümmel der engen Gassen stürzen: Denn Caccamo besticht nicht nur durch seine Geschichte, sondern auch durch die atemberaubende Landschaft mit einer Mischung aus Bergen, dem Meer und dem See im Tal. Von der Burg aus hat man beispielsweise einen spektakulären Panoramablick auf ebendiese malerische Umgebung. Aber auch ohne die Treppen zum Burgberg zu erklimmen, kann man dieses wunderbare Panorama auf sich wirken lassen. Entlang der Via Termitana verläuft nämlich eine Promenade mit einer kleinen Mauer, hinter der es recht steil hinabgeht. Darin sind Einlassungen, um sich hinzusetzen und den spektakulären Blick auf die Burg und ins Tal auf den See Rosamarina zu genießen. So wird Caccamo zu einem wahren Kraftort.

TIPP

Der See Rosamarina ist nur 3 Kilometer entfernt und lädt zu einem Spaziergang in der Natur ein.

- Promenade mit Blick auf das Castello, Via Termitana 47, 90012 Caccamo

Ruinen mit Ausblick

36 Auf der Ausgrabungsstätte in Solunto

Schlangen am Ticketschalter, Souvenirläden mit den immer gleichen Magneten, Schneekugeln und Co. sowie Snackbars mit Arancine und Gelato … Das ist ein typisches Bild vor touristischen Ausgrabungsstätten. All das sucht man in Solunto vergeblich. Selbst der Parkplatz in der Nähe des Eingangs ist relativ klein geraten. Hier ist alles ein bisschen gemütlicher als an anderen Orten.
Die Ausgrabungsstätte selbst ist dafür auch etwas weniger spektakulär als die großen archäologischen Parks in Selinunte und Agrigent. Allerdings kann der Ausblick allemal mithalten. Solunt liegt nämlich an einem Hang und bietet einen atemberaubenden Blick über das Meer, auf Capo Zafferano und Porticello, einen kleinen Fischerhafen.
Laut dem Athener Thukydides wurde Solunt wie Panormus (Palermos antiker Name) und Motya von den Karthagern gegründet. Gegen Ende des 4. Jahrhunderts wurden hier griechische Soldaten angesiedelt, bevor die Stadt in römische Hände fiel. In den Überresten können Experten immer noch Elemente aller drei Kulturen erkennen: der Phönizier, der Griechen und der Römer.
In einem Schachbrettmuster angelegt, ist Solunt ganz linear geordnet. Bei den jeweiligen Blocks spricht man von Insulae. Die Hauptstraße ist die Via dell'Agora und führt bis zur Agora im Norden. Wie es die Karthager pflegten, gab es keine Tempel. Das fällt auch beim Spaziergang über die Ausgrabungsstätte auf. Stattdessen gab es drei Heiligtümer im punischen Stil. Die Insulae sind durchnummeriert und werden von Häusern mit Werkstätten, Läden und Wohnhäuser gesäumt. Auch ein Gymnasium, ein antikes Fitnessstudio, stand den Bewohnern von Solunt zur Verfügung. Außerdem gab es Thermen und ein antikes Theater. In einigen Ruinen ist noch nachvollziehbar, dass sie mit kunstvollen Mosaiken und Wandmalereien geschmückt waren.
So gibt Solunt einen einzigartigen Einblick in die Zeit vor über 2000 Jahren und man kann nur erahnen, wie es gewesen sein muss, in diesem Theater mit Blick aufs Meer einer Aufführung beizuwohnen.

TIPP
Einfach von dem Charme und der Schönheit der Ausgrabungsstätte tragen lassen!

● Parco Archeologico di Solunto, Via Collegio Romano, 90017 Solanto, Tel. +39 (91) 90 50 43, visitsantaflavia.it

Der geheime Canyon

37

Naturreservat Cavagrande del Cassibile, Noto

Im Laufe der Jahrmillion hat sich der Fluss Cassibile immer tiefer in die Monti Iblei gegraben und schuf die 10 Kilometer lange Schlucht Cava Grande, die mit 250 Metern die tiefste Schlucht Siziliens ist. Diese wurde zu einem Naturreservat erklärt und heißt nun Riserva naturale orientata Cavagrande del Cassibile. Hier wartet auf über 2000 Hektar ein eindrucksvolles Naturerlebnis. Nicht nur die üppige Vegetation ist ein Highlight, sondern auch die Becken mit türkisfarbenem Wasser sowie die Wasserfälle, die in der Schlucht zu finden sind. Das Tal ist geprägt von einem umfangreichen System aus Wasserfällen und natürlichen Seen, die mit kühlem, klarem Wasser gefüllt sind. Die schönsten Becken sind von der Aussichtsterrasse in Avola Antica aus zugänglich. Allerdings bedarf es ein wenig Fitness, um dieses Naturspektakel erleben zu dürfen: Um zu den sogenannten Laghetti, den kleinen Seen, zu gelangen, muss man einen steilen Abstieg in Kauf nehmen. Selbstverständlich muss man denselben Weg auch wieder zurücklaufen, um zum Ausgangspunkt zurückzukommen.

TIPP
Wanderschuhe nicht vergessen!

Beim Wandern kann man Tausende von Grabhöhlen in den Felsen entdecken, die davon zeugen, dass hier bereits zwischen dem 12. und dem 8. Jahrhundert v. Chr. Menschen gelebt haben. Ähnlich wie die Gräber, die man auch im Naturreservat Pantalica sehen kann, gehören diese hier zu den bedeutendsten Zeugnissen der Bronzezeit auf Sizilien.

Die Sikuler waren die ersten Bewohner dieser Region und sie nutzten die Vorteile der unzugänglichen Felswände und der Nähe des Wassers. So kam es, dass sie hier zwei Felsensiedlungen erbauten. Die nördliche Siedlung stammt aus dem 11. und 10. Jahrhundert v. Chr. Hier befinden sich die Höhlengräber sowie altchristliche Hypogäen.

Die Wanderung ins Tal der Schlucht erfordert eine gewisse Grundkondition. Für die Erkundung der Wanderwege sollte man mindestens einen halben, besser einen ganzen Tag einplanen. Unten angekommen, kann man in den Wasserbecken baden und die herrliche Natur genießen.

● Riserva Naturale Cavagrande del Cassibile, Carrubella, 96012 Noto

Pinke Bewohner

38 Die Flamingos von Sizilien in Pachino

Sie sind rosafarben und langbeinig und wer nicht weiß, dass sie in Sizilien leben, wird mehr als erstaunt sein, sie auf der Mittelmeerinsel anzutreffen. Die Rede ist von Flamingos. Man kennt sie in erster Linie von Lagunen und Seen in tropischen Ländern rund um den Globus: Sie waten durch salzhaltige Gewässer in der Karibik, in Afrika und Asien. Aber in Italien?

Was viele nicht wissen, ist, dass die Vögel mit dem rosafarben leuchtenden Federkleid sogar an mehreren Orten in Europa heimisch sind. Einer von ihnen ist Sizilien. Da sich „fenicotteri rosa", wie sie auf Italienisch genannt werden, in Salzpfannen besonders wohlfühlen, haben sie in Sizilien einige Auswahlmöglichkeiten. Sowohl im Westen als auch im äußersten Süden der Insel können Flamingos beobachtet werden.

TIPP

Den Abstecher zu den Lagunen am besten frühmorgens oder abends zum Sonnenuntergang einplanen.

Sie sind an ihrem leuchtenden Gefieder zu erkennen, an ihrer Größe im Vergleich zu anderen Wasservögeln und an ihren langen Beinen, mit denen sie auch durch tiefere Lagunen waten und mit ihrem gekrümmten Schnabel im Wasser nach Nahrung suchen können. Dabei sind sie am liebsten ungestört, weshalb sie selten dort anzutreffen sind, wo sich Touristen aufhalten. Oft kann man sie nur in der Entfernung erahnen oder man benötigt ein Fernglas oder ein Teleobjektiv mit mindestens 300 Millimetern, um einen Blick auf sie zu erhaschen.

In den weniger weitläufigen Lagunen im Süden rund um Pachino, Noto und Ispica kann man jedoch Glück haben. Dort gibt es eine Gruppe an kleineren Gewässern, die zusammen zu einem Vogelschutzgebiet zusammengefasst wurden: die Riserva naturale orientata Pantani della Sicilia Sud-Orientale. Auf fast 1400 Hektar kann man insgesamt acht Lagunen besuchen, eine davon ist der Pantano Baronello. Das warme Wasser fördert die Reproduktion von Fischen und Kleinkrebsen, die eine hervorragende Nahrungsgrundlage für Flamingos und Co. sind. Und so kann man hier bei der Seeumrundung durch das hohe Gras blicken und das Wasser nach ihnen absuchen. Nicht wundern, wenn bei einem Erfolg das Herz ein bisschen schneller schlägt!

● Pantano Baronello, Puntorio, 96018 Pachino

Idyllische Lagune

39 Am natürlichen Pool Piscina di Venere, Milazzo

Manche Ecken Siziliens sind so schön, dass sie geradewegs einem Gemälde oder einem Bilderbuch entsprungen zu sein scheinen. Einer von ihnen ist der natürliche Pool Piscina di Venere, der in die Felsenlandschaft eingebettet ist und dessen flaches, kristallklares Wasser einem vor Schönheit die Tränen in die Augen treibt. Wahrscheinlich wurde ihm deswegen dieser Name gegeben, der übersetzt „Schwimmbad der Venus“ heißt. Manchmal wird er auch als Lago di Venere, als „See der Venus“, bezeichnet, auch wenn er für einen echten See viel zu klein ist. Er befindet sich auf der Landzunge von Capo Milazzo.

Piscina di Venere liegt nur einen kurzen Spaziergang vom Parkplatz vor dem Restaurant Il Faro entfernt, an dem man ruhig sein Auto stehen lassen und über den „percorso naturalistico“, den Naturweg, zum vielleicht schönsten natürlichen Schwimmbecken der Insel wandern kann. Ein kleiner Pfad führt bis zum Kap, über eine Steintreppe geht es nach unten, während man rechts und links eine spektakuläre Aussicht auf das Panorama des azurblauen Meeres genießen kann. Hier, wo Sizilien den Äolischen Inseln näher ist als irgendwo sonst, wartet unberührte Natur.

Immer weiter windet sich der Pfad hinab, dessen Stufen noch aus dem 13. Jahrhundert sind, bis er endlich den äußersten Punkt erreicht: den natürlichen Pool Piscina di Venere. Das Wasser ist so flach, dass es sich durchaus auf 30 Grad erwärmen kann. Perfekt zum Planschen mit Kindern oder für alle, die es gerne etwas wärmer mögen. Auch zum Schnorcheln ist der felsige Meeresgrund mit dem Korallenriff gut geeignet. Man kann Seesterne und Seegurken sowie zahlreiche Fische in allerlei Farben und Größen bewundern. Infrastruktur gibt es keine. Nur Natur pur.

Wer bis zum Sonnenuntergang hierbleibt oder erst herkommt, wenn sich die Sonne dem Horizont entgegenneigt, kann einen romantischen Abend- und später Nachthimmel erleben. Außerdem ist das Wasser herrlich, wenn die Außentemperatur gegen Nachmittag ein wenig abkühlt.

TIPP

Badeschuhe, Sonnencreme, Tauchmaske nicht vergessen! Dann steht dem Tag in der Lagune nichts im Wege.

● Piscina di Venere, Via Sant'Antonio, 98057 Milazzo

Die Schwarze Madonna

40

In der Wallfahrtskirche von Tindari

Tindari umrankt eine faszinierende und lange Geschichte. Die heutige Stadt an der Nordküste Siziliens entstand zwar erst im 11. Jahrhundert, aber die Vorgängerstadt Tyndaris wurde im 4. Jahrhundert v. Chr. von Dionysios I. gegründet und Funde belegen, dass hier bereits in der Bronzezeit Menschen lebten.

Heute ist der Ort vor allem für seine Madonnen-Statue bekannt, die sich in der Wallfahrtskirche befindet, die oberhalb der eigentlichen Stadt auf einem Berg thront. Die sogenannte Schwarze Madonna ist aus dunklem Zedernholz und wurde zur Zeit des Ikonoklasmus, als man im Bilderstreit der byzantinischen Kirche Heiligenbilder in Konstantinopel zerstörte, aus der Stadt gerettet und landete, so die Sage, nach einem Schiffsunglück am Strand in Tindari. Eine Inschrift lässt auf Latein verlauten: „Nigra sum sed formosa" (zu Deutsch: „Ich bin schwarz, aber schön").

TIPP

Wenn möglich am 8. September herkommen und die Feierlichkeit mit Prozession erleben.

Um diese schöne Madonna hat sich eine Wallfahrtstradition entwickelt. Denn einer Legende zufolge soll sie einem Kind das Leben gerettet haben, das von den Klippen ins Meer gestürzt sein soll, woraufhin dessen verzweifelte Mutter sie um Hilfe angefleht hatte. Die Schwarze Madonna soll in ihrer Gnade ihren Arm ausgestreckt und das Kind aufgefangen haben. Dieser Arm manifestierte sich in der noch heute sichtbaren Sandbank vor Tindari als „mare secco", die bei genauerer Betrachtung durchaus Ähnlichkeit mit einem Arm und einer Hand hat.

Die Wallfahrtskirche selbst, die aus den 1950er-Jahren stammt, ist um einen älteren Bau herum errichtet worden. Bereits bevor man die Kirche betritt, zeigt der Blick an der Fassade nach oben die Verehrung für die Mutter Jesu: „Alles ist klein für dich, o Mutter!" Ein einziger Satz, der die Hingabe und den Glauben des sizilianischen Volkes an die Madonna darstellt!

Auf dem Hauptaltar steht die Statue der Schwarzen Madonna in der Position der thronenden Königin, das Jesuskind in ihren Armen und die Zärtlichkeit der Mutter in ihrem hölzernen Blick.

● Santuario Maria Santissima del Tindari, Via Monsignor Pullano 12, 98066 Tindari, Tel. +39 (9 41) 36 90 03, santuariotindari.it

ATER
IGRA SUM
FORMOSA

Entspannung pur!

41 In den heißen Quellen von Segesta

Sizilien kann Strandurlaub, Städtetrip und Kulturreise. Aber kann die Insel auch mit Wellnessangeboten punkten? Und ob! Denn der Ätna ist nicht nur ein genialer Ausflugsort, der die Umgebung fruchtbar macht. Er sorgt auch für heiße Quellen. Und auch wenn es kein Geheimnis ist, dass Thermalwasser gesund ist und obendrein auch noch ganz viel Entspannung mit sich bringt, sind die heißen Quellen in Segesta sehr wohl ein kleiner Geheimtipp.

Sie sind eingebettet in eine malerische Schlucht und liegen am Ufer des Flusses. Wer die Füße in das heiße Wasser tauchen möchte, muss vor der Terme Segestane, einem institutionalisierten Schwimmbad mit Thermalwasser, nach links abbiegen und am Straßenrand parken. Denn das wahre Highlight sind die freien heißen Quellen ganz in der Nähe des Thermalbads.

TIPP
Zum Sonnenaufgang kann man die Quelle ganz allein und mit einer magischen Lichtstimmung genießen.

Wenn der Weg plötzlich in eine sumpfigere Schilflandschaft führt, ist das Ziel so gut wie erreicht. Schilder gibt es allerdings keine, sodass man einfach immer weiter den ausgetretenen Pfaden folgen muss. Am Fluss angekommen, heißt es: Schuhe ausziehen und durch das kalte Nass waten. Im Normalfall ist der Fluss nicht tief, außer es hat kurz zuvor stark geregnet. Rutschig können die Steine aber auf jeden Fall sein, sodass stets Obacht geboten ist. Ab der Mitte des Flusses wird das Wasser spürbar wärmer. Ein kleiner Vorgeschmack auf die Quellen.

Auf der anderen Seite geht es kurz steil bergauf und dann noch mal durch einen Schilfwald. Dann ist es so weit und die heiße Quelle ist erreicht. Das Becken ist zwar nicht sehr groß, aber wirkt in dieser Szenerie des Tals mit dem Schilf äußerst idyllisch.

Das Wasser beträgt zwischen 40 und 50 Grad und ist somit vor allem an kühleren Frühlings- oder Herbsttagen eine echte Wohltat. Und während man die Glieder in dem rund 50 Zentimeter tiefen Thermalwasser ausstreckt, schaltet sich automatisch der Wohlfühlmodus an und man fühlt sich plötzlich ganz weit entfernt von den wuseligen Städten Siziliens, die eigentlich gar nicht so weit entfernt sind.

● Sorgente delle Terme Naturali Libere di Segesta, Strada Provinciale 2, 136, 91014 Castellammare del Golfo

Im Herzen der Altstadt

42 An der Piazza Vigliena in Palermo

Wo sich die beiden Verkehrsachsen Corso Vittorio Emanuele und Via Maqueda kreuzen, liegt von barocker Architektur eingerahmt ein besonderer Ort. Eigentlich heißt er Piazza Vigliena und ist nach dem spanischen Vizekönig Juan Fernández Pacheco de Villena benannt, der sie in Auftrag gab. Palermitaner nennen sie aber entweder Quattro Canti (die vier Ecken), weil hier die vier historischen Stadtviertel Palermos aneinandergrenzten. Oder sie sagen Teatro del Sole (Theater der Sonne), da eine der vier Ecken immer von der Sonne beschienen ist. Während der Corso Vittorio Emanuele schon seit dem 9. Jahrhundert existierte und bereits unter arabischer Herrschaft als Palermos Hauptstraße diente, wurde die Via Maqueda erst im 17. Jahrhundert angelegt. Der spanische Vizekönig Maqueda ließ die Straße, die damals noch Via Nuova genannt wurde, im rechten Winkel zum Corso Vittorio Emanuele anlegen. Die beiden Straßen trennten die historischen Viertel Albergheria, Seralcadio, La Loggia und Kalsa voneinander. Der Schnittpunkt beider Straßen wurde ausgebaut und so entstanden vier Paläste mit barocken Fassaden, Skulpturen und Brunnen, die eher als Kunstwerk denn als Kreuzung bezeichnet werden können. Jede Ecke hat drei Stockwerke mit je einer Statue. Die unterste steht jeweils für eine Jahreszeit, die mittlere für einen sizilianischen Herrscher und die oberste für eine Schutzheilige. In Richtung Süd-Südwest lag das Stadtviertel Albergheria. Diese Ecke repräsentiert den Frühling und zeigt Statuen von Karl V. und der heiligen Cristina. In Richtung West-Nordwest, wo sich Seralcadio befand, ist der Sommer mit Philipp II. als Herrscher und der heiligen Ninfa dargestellt. Direkt gegenüber dem Frühling befindet sich die Ecke, die dem Herbst gewidmet ist und Philipp IV. sowie die heilige Oliva zeigt. Die letzte Ecke ist dem Winter gewidmet und liegt am Viertel namens Kalsa in Ost-Südost-Richtung. Hier stehen Philipp III. und die heilige Agatha. So reist man hier durch die Geschichte der Stadt.

TIPP
Zu verschiedenen Tageszeiten kommen und so alle vier Ecken im Sonnenlicht bewundern!

- Quattro Canti/Piazza Vigliena, 90133 Palermo
- ÖPNV: Haltestelle Roma – Lattarini

Ein historisches Juwel

43

Im Giardino Ibleo in Ragusa

Das Val di Noto ist bekannt für seine barocken Städte. Eine von ihnen ist Ragusa, das in den Monti Iblei liegt. Die Gegend war bereits vor 3000 Jahren besiedelt. 1693 wurde die Stadt bei einem Erdbeben jedoch fast vollständig zerstört und alle Spuren vorheriger Siedlungen, Kulturen und Co. vernichtet. Der Wiederaufbau fand im Folgenden nicht nur auf dem ursprünglichen Stadtgebiet statt, sondern auch auf einem etwas höher gelegenen Felsplateau etwas weiter westlich. Der Stadtteil auf dem Gebiet, das bereits zuvor besiedelt war, heißt heute Ragusa Ibla in Anlehnung an die antike Siedlung der sizilianischen Ureinwohner, der Sikeler, namens Hybla.

In Herzen von Ragusa Ibla findet sich einer der vier Hauptgärten der Stadt, der auch gleichzeitig der älteste ist: der Giardino Ibleo. Mitte des 19. Jahrhunderts wurde der Ruf nach einer neuen Grünanlage laut. Die Idee fand Anklang in der Bevölkerung und so wurde der Giardino Ibleo im Jahr 1858 von drei wohlhabenden ragusanischen Bürgern errichtet, der als monumentales Erbe von Ragusa Ibla gilt. 1930 erhielt er das Äußere, das noch heute bestaunt werden kann: mit dem Panoramabalkon, das den Blick ins Irminio-Tal eröffnet. Von hier genießt man herrliche Ausblicke auf die umliegenden Berge. Der Garten ist eine kleine Oase der Ruhe, in der Reisende wie Ragusaner gleichermaßen entschleunigen sowie Entspannung finden können.

TIPP

Im Frühjahr blüht hier die herrliche blau-violette Blüte der Jacaranda-Bäume!

Vom Eingang führt eine prächtige, von Palmen gesäumte Allee in den Giardino Ibleo. Der Garten ist gepflegt und mit kunstvoll geschnitzten Bänken, Säulen und Steinvasen in verschiedenen Formen und einer eleganten Balkonbrüstung aus Kalkstein geschmückt. Auf der einen Seite des Gartens befindet sich das beeindruckende Denkmal für die Gefallenen des Ersten Weltkriegs. Außerdem gibt es die Kirche San Vincenzo Ferreri, die Kirche San Giacomo und die Kirche der Kapuziner. Ganz in der Nähe des Gartens befinden sich auch die archäologischen Ausgrabungsstätten von Ragusa Ibla vor dem Brand.

● Giardino Ibleo, Via Sergente Scribano Giuseppe, 97100 Ragusa

VIALE DELLE
COLONNINE

Insel des Feuers

44 Die Zisterne auf Stromboli

Die Insel Stromboli ist eine der Äolischen Inseln und auch als Insel des ewigen Feuers bekannt. Sie birgt mit dem majestätischen Vulkan eine unvergleichliche Faszination. Schon seit mehreren Jahrtausenden versetzt er die Menschen durch seine ständige Aktivität ins Staunen. Hier kann man in eine Welt leuchtender Lavaströme eintauchen, sich aber gleichzeitig sicher und behütet fühlen. Dies ist der sogenannten Sciara del Fuoco zu verdanken, der Feuerrutsche. Sie liegt an der Nordwestseite der Insel und bei den teilweise minütlich stattfindenden Ausbrüchen fällt das ausgeworfene Material meist entweder in den Krater zurück oder fließt immer über denselben Abhang hinab, der deswegen Feuerrutsche getauft wurde.

Stromboli hat einen ganz einzigartigen Charme und ist trotz der Touristen, die während der Saison in Scharen von dem Naturereignis angezogen werden, noch recht ursprünglich und daher in ihrer rauen und gleichermaßen rohen Schönheit erlebbar. Und während man das Wunder der Natur nach Sonnenuntergang beobachtet, über einem die funkelnden Sterne, ohne künstliches Licht, stattdessen mit der tanzenden Lava, die aus dem Krater emporstößt und feuerrot brennt, kommt man nicht umhin, zu bemerken, wie mächtig die Urgewalt der Erde ist.

TIPP

Eine Gedenktafel erinnert an den Dreh des Films „Stromboli" mit Ingrid Bergmann aus dem Jahr 1949.

Der beste Ort, um das Spektakel zu bewundern, ist die Zisterne. Es handelt sich dabei um eine historische Sehenswürdigkeit am Rande des Weges, der auf den Vulkan hinaufführt. Von hier ist man ganz nah an diesem Naturschauspiel und kann den Krater in Ruhe beim Ausbrechen beobachten, ohne sich in gefährliche Nähe zu bewegen. So genießt man diesen einzigartigen Ausblick aus sicherer Entfernung.

Die Cisterna ist über einen knapp 3,5 Kilometer langen Wanderweg von der Fähranlegestelle zu erreichen. Rund 100 Meter entfernt gab es bis 2024 ein Restaurant, das Osservatorio, in dem man lokale Spezialitäten genießen konnte, während man dem Spektakel zusah. Heute bleibt nur der Aussichtspunkt an der Zisterne.

● Cisterna, Via Mulattiera Salvatore di Losa, 98050 Stromboli

Symphonie der Epochen

45 Notos Brunnen Fontana di Ercole

Noto ist flächenmäßig die größte Gemeinde an der südlichen Ostküste von Sizilien. Sie liegt am Fuße der Monti Iblei und hat eine facettenreiche Vergangenheit, die bis in vorgeschichtliche Zeiten zurückreicht. Zur Zeit der griechischen Herrschaft über Sizilien entwickelte sich Noto zu einem kulturellen und wirtschaftlichen Zentrum. Der gesamte Südosten der Insel wurde zu einer Verwaltungseinheit, die nach dieser Stadt benannt wurde: Val di Noto (das Tal von Noto).

Nahezu das ganze Val di Noto wurde 1693 bei einem verheerenden Erdbeben zerstört, so auch Noto selbst. Jedoch wurden die Städte wieder aufgebaut und sind deswegen heute unvergleichliche Zeugen des barocken Siziliens. Die Uhren wurden im ganzen Südwesten Siziliens zeitgleich zurückgesetzt. Und das kann man bis heute sehen: Beeindruckende Plätze und die schachbrettartige Anordnung der Straßen machen Noto zu einem wahren Meisterwerk barocker Architektur. Dies erkannte auch die UNESCO und nahm das Val di Noto 2002 in die Welterbeliste auf.

TIPP

Am dritten Sonntag im Mai findet die Infiorata statt. Dann schmücken Blumenmosaike das Zentrum.

Die Fontana di Ercole, der Brunnen des Herkules, ist eines der Juwelen in Noto. 1757 von Giuseppe Orlando gebaut, zeigt die Statue den griechischen Halbgott und Helden Herkules, nachdem er den eigentlich unbesiegbaren Nemeischen Löwen getötet hatte. Diese Statue stammt aus dem antiken Noto und war ursprünglich nicht Teil des Brunnens. Sie wurde 1790 hinzugefügt, als der Klassizismus den Barock ablöste. Das Hinzufügen der antiken Statue ist ein gutes Beispiel für die neue Epoche. Somit wird die Fontana di Ercole zu einem architektonischen Meisterwerk, das für beide Epochen steht.

Zudem hat die Fontana di Ercole auch eine symbolische Bedeutung für die Stadt Noto, denn in der Nacht vom 15. auf den 16. Mai 1860 hissten junge Bürger, die gegen die Herrschaft der Bourbonen waren, die erste Trikolore-Flagge, das Zeichen der Revolution Garibaldis, die zur Entstehung Italiens führte, an dieser Statue. Auf der Flagge stand „Tod dem, der dieses Banner berührt".

- Fontana di Ercole, Via Matteo Raeli 21, 96017 Noto
- ÖPNV: Haltestelle Noto Pantheon

In der Mitte Siziliens

46 Am Obelisken von Enna

Mitten in Sizilien thront die oft unterschätzte Stadt Enna auf dem hufeisenförmigen Gipfel des Monte San Giuliano in fast 1000 Meter Höhe. Während Palermo und Catania von Touristen förmlich überrannt werden, setzt Enna dem einen kleinen Ruhepol entgegen und überzeugt mit unvergleichlicher Authentizität und mystischem Charme.
Mit weniger als 30.000 Einwohner ist Enna generell eine ruhigere Stadt, auch wenn sie sogar die Hauptstadt der gleichnamigen Provinz ist. Enna hieß über mehrere Jahrhunderte Castrogiovanni. Doch 1926 wollte man zum antiken Stadtnamen zurückkehren und beschloss, als Anlehnung an den römischen Namen Castrum Hennae die Stadt Enna zu taufen.
Sie wird auch als Herz, Nabel oder Mitte Siziliens bezeichnet. Denn Enna ist tatsächlich das geografische Zentrum der Insel, das majestätisch in die Höhe ragt und bereits aus der Ferne mit seiner erhabenen Präsenz beeindruckt. Der exakte Mittelpunkt der Insel wird dabei von einem kupfernen Obelisken markiert. Er steht direkt neben dem Eremo di Monte Salvo, einer alten Einsiedelei, die vom maltesischen Ritter Don Giovanni Grimaldi errichtet wurde. Dieser wollte damit gegen die sehr beliebten Feste rund um den römischen Kult von Ceres, Proserpina und Bacchus vorgehen. Sie fanden in Montesalvo seit den Zeiten der Römer statt, da es damals bereits ein Heiligtum für die römische Göttin des Ackerbaus und der Fruchtbarkeit gab. Stattdessen wollte der Ritter der Verehrung der Madonna della Visitazione mehr Beachtung verschaffen, indem er ihr die Einsiedelei errichtete.
Der danebenstehende Obelisk ist eines der faszinierendsten Symbole der Stadt. Von hier hat man zudem einen herrlichen Blick ins Tal. Er wird im Westen von einer Mauer begrenzt, auf die man sich setzen kann, um zum Beispiel den Sonnenuntergang von hier aus zu bewundern. Beim Blick auf das ertragreiche Inland Siziliens wird schnell klar, warum man hier bereitwillig der Göttin Ceres huldigte.

TIPP

Am besten im Frühling kommen, wenn das Land erblüht.

- Obelisco di Enna, Strada Panoramica Monte Cantina 163, 94100 Enna
- ÖPNV: Haltestelle Enna Viale Armando Diaz

Antike Schätze am Meer

47 Auf dem Panoramaweg in Eraclea Minoa

Rund 35 Kilometer von Agrigent entfernt lag an der Südküste Siziliens die antike griechische Stadt Herakleia Minoa. Bereits im Neolithikum besiedelt, stand die Gegend unter der Herrschaft von Sikanern, Karthagern, Griechen und Römern. Der Name kommt jedoch von den Griechen: Minoa ist der Name der Insel, von der die ersten griechischen Siedler kamen. Herakleia hingegen ist eine Anlehnung an das griechische Wort für Herkules, die später hinzugefügt wurde, um dem Halbgott und Helden aus der griechischen Mythologie Ehre zu erweisen.
Ursprünglich war die Stadt als Außenposten Selinuntes an der Mündung des Flusses Halykos erbaut worden, der heute Platani heißt. Doch bald wurde sie von den Karthagern erobert und wenige Jahrzehnte später vom griechischen Syrakus zurückerkämpft. Danach galt der Halykos längere Zeit als natürliche Grenze zwischen dem griechischen und dem phönizischen Sizilien, bis Akragas einschritt. Im folgenden Jahrhundert dehnte sich das Römische Reich auf Sizilien aus. Im 1. Jahrhundert v. Chr. wurde die Stadt aufgegeben, da sie zu einem Teil zerstört wurde und vermutlich bei einem Erdrutsch ins Meer stürzte.
Das archäologische Gelände von Eraclea Minoa, wie es heute geschrieben wird, ist zwar im Verhältnis zu Selinunte und Agrigent klein, aber durch die Lage auf einer Felsklippe mit Meerblick durchaus idyllisch. Ein kleines halbrundes Theater ist das Highlight der Ausgrabungsstätte.
Wer schon einige archäologische Parks auf Sizilien besucht hat, wird von diesem vielleicht ob der fehlenden Menge an antiken Überbleibseln und des kleinen Areals enttäuscht sein. Allerdings muss man hier nicht zu den Ausgrabungen selbst, um den Charme dieser Gegend zu erleben und sich in die alten Griechen, Karthager & Co. zu versetzen, die hier einst lebten und den Ausblick tagein, tagaus betrachten konnten. Links am Eingang führt nämlich ein Panoramaweg an den Steilklippen entlang. Nach etwa 10 Minuten gelangt man an das Kap und kann hier den herrlichen Blick genießen.

TIPP

Wer mit dem Camper unterwegs ist, sollte einen Stopp am dortigen Campingplatz einplanen.

● Sentiero panoramico mit Punto panoramico, 92011 Cattolica Eraclea

Die vergessene Kirche

48

Kirche der Heiligen Petrus und Paulus, Croce

Unweit von Messina liegt ein wenig versteckt und abseits der Touristenströme das kleine Örtchen Croce. Dort wartet eine Kirche des Mönchsordens der Basilianer. Sie ist den Heiligen Petrus und Paulus gewidmet und wurde bereits im Jahr 1093 erbaut. Damit war sie wohl eine der ersten Kirchen Siziliens.

Die Umgebung ist so idyllisch, dass man kaum glauben kann, dass hier im Jahre 1065 eine blutige Schlacht zwischen den Normannen und den Muslimen stattgefunden haben soll. Die Folge war das Ende der arabischen Herrschaft über Sizilien und der Beginn des Königreichs der Normannen, auch wenn die Eroberung Siziliens rund 30 Jahre dauerte. Graf Roger, der die Normannen in den Krieg geführt hatte, ließ nach dem Sieg über die Araber ebendiese Kirche mit einem angeschlossenen Kloster bauen.

Im Gegensatz zu den Muslimen, die alles Christliche zerstörten oder im Keim erstickten, waren die Normannen deutlich offener für fremde Kulturen. Sie vereinten Elemente arabischer Kunst mit ihnen bekannten und schufen so das arabisch-normannische Erbe mit den ganz besonderen und einzigartigen architektonischen Juwelen, wodurch Sizilien die Ehre eines Eintrags in die UNESCO-Welterbeliste zuteilt wurde.

Die Kirche der Heiligen Petrus und Paulus in Croce hat drei Kirchenschiffe und schlanke Säulen, deren Kapitelle von Szenen aus der Schlacht geschmückt waren, die hier an dieser Stelle stattgefunden hat. Unerfahrene Arbeiter veränderten zum Teil das Antlitz der Kirche, als sie einen Glockenturm hinzufügten, der nichts mit dem ursprünglichen Baustil zu tun hatte. Dies geschah, bevor die Kirche zum Nationaldenkmal ernannt wurde, sodass sie diesen Status nie erreichte. 1925 drohte ihr der Abriss, da sie sich in einem prekären Zustand befand. Am Ende wurde das Gebäude jedoch renoviert und daher kann heute die prächtige Originalfassade bestaunt werden. Wer die Kirche von innen sehen möchte, muss eine Anfrage stellen oder kann zur Messe am Sonntagmorgen erscheinen.

TIPP

Wer einen ganzen Tag einplant, kann den Besuch mit einer Wanderung auf dem Monte Scuderi verbinden.

- Chiesa dei Santi Pietro e Paolo, Piazza Badia, 98025 Croce
- ÖPNV: Haltestelle Scaletta Zanchea Piazza Municipio

Siziliens beste Pizza

49

Im Restaurant Il Castello in Petralia Sottana

Pizza in Italien ist eigentlich immer ein Genuss. Man stelle sich nun aber vor, wie eine Pizza schmecken muss, wenn ihr absolute Leidenschaft zuteilwird, wenn alle Zutaten mit Bedacht gewählt werden und sowohl saisonal als auch lokal sind, wenn sogar beim Wasser für den Teig auf reinste Qualität geachtet wird etc. Wie so eine Pizza schmeckt, kann man in der Pizzeria Il Castello erfahren, die seit 2006 an das gleichnamige Hotel und Familienunternehmen angeschlossen ist.

Die Liebe, die die Gründer für Pizza empfinden, wurde bereits in ihrer Kindheit geprägt. Gerne denken sie noch heute an die Sonntage zurück, an denen der Duft selbst gemachter Pizza das Haus erfüllte. Und deswegen haben sich Luca und Marco Calderaro mit ihren Eltern in den Kopf gesetzt, eine herausragende Pizza zu kreieren. Entstanden ist dabei eine Pizza, deren Teig mindestens 72 Stunden, manchmal sogar 100 Stunden geht. Die Mischung ausgewählter Mehlsorten besteht aus alten sizilianischen Getreidesorten, Vollkornmehl und Type-0-Mehl mit gerösteter Kleie. Am Ende des Prozesses steht eine besonders leichte und bekömmliche Pizza.

TIPP

Wenn möglich, eine Übernachtung im Il Castello mit einplanen!

Einer der Hauptbestandteile von Pizza ist das Wasser. Da die Gegend viele Quellen hat, verwendet die Familie Calderaro ausschließlich unbehandeltes Wasser aus der Quelle von Geraci Siculo. Diese Entscheidung steht für die Verbundenheit mit der Heimat.

Aber bei dem Gedanken an Wasser und das Gehen des Teigs hört es nicht auf: Der Wunsch, die perfekte Pizza zu schaffen, hat zur Gründung der Masseria Sant'Elia Farm in Petralia Sottana geführt. Dort baut die Familie selbst das Gemüse für den Belag an. Und das nur mit Tierdung, Wasser, Sonne und ganz viel Liebe.

All diese Faktoren sorgen für eine authentische und gesunde Pizza, die noch dazu einer Geschmacksexplosion gleicht. Das hat sich herumgesprochen, sodass Il Castello verschiedene Auszeichnungen erhalten hat und sogar 2022 zur besten Pizzeria Siziliens gekürt wurde.

● Il Castello Ristorante, Via Generale di Maria 27, 90027 Petralia Sottana, Tel. +39 (9 21) 64 12 50, il-castello.net

Traum von Marmor

50

Marienstatue in Custonaci

Custonaci liegt nördlich von Trapani an der Westküste Siziliens und fesselt seine Besucher mit der fantastischen Aussicht. Beim Blick nach Süden sieht man Erice auf dem gleichnamigen Berg thronen und nach Norden beherrscht der Monte Cofano das Landschaftsbild. Bereits seit vielen 100 Jahren besteht hier eine starke Verbindung zum Marienkult. Das zeigt sich vor allem im beeindruckenden Bauwerk des Santuario di Maria Santissima di Custonaci, das aus dem 16. Jahrhundert stammt. Im neugotischen Innern findet sich eine hölzerne Marienstatue, die ebenfalls aus dem 15. oder 16. Jahrhundert stammt.

Wer genauer hinschaut, erkennt jedoch weitere Anzeichen für die Liebe der Bewohner Custonacis zur Mutter Gottes. Eines davon ist eine Marmorstatue, die auf einem Felsvorsprung unweit des Zentrums der Kleinstadt steht. Erhaben steht sie mit gefalteten Händen auf den Felsen – im Rücken hat sie das Meer und den Monte Cofano. Der Marmor, aus dem sie von einem Bildhauer aus Custonaci gefertigt wurde, ist strahlend weiß. Das Besondere daran ist jedoch nicht die Madonnenstatue an sich, sondern die Tatsache, dass sie aus dem Marmor des nahe gelegenen Steinbruchs gefertigt wurde.

Denn Custonaci ist auch bekannt als die Stadt des Marmors. Die Tagebausteinbrüche dieser Gegend gibt es bereits seit dem 16. Jahrhundert und sie prägen die Landschaft. Die geometrischen Schnitte fallen schnell ins Auge und stehen in starkem Kontrast zur sonst so authentischen, unangetasteten Natur in und um Custonaci. Auch wenn sie manchmal im Schatten des großen Bruders Carrara zu stehen scheint, so ist Custonaci dennoch die zweitwichtigste Marmorregion der ganzen Welt und die wichtigste Siziliens. Wer genau hinsieht, erkennt hinter der Statue in Richtung Monte Cofano auch die Steinbrüche mit den geraden, hellen Abbruchwänden, die entstanden sind, als die wertvollen Marmorblöcke aus dem Felsen gebrochen wurden, die gerne für Statuen, Kirchen oder auch schlicht Fußböden oder Küchenarmaturen genutzt werden.

TIPP

Unweit der marmornen Madonna wartet das Freilichtmuseum Grotta Mangiapane.

● Statua della Madonna „Regina Pacis", Contrada Scurati, 91015 Custonaci

Alles Tomate, oder was?

51 In der Casa del Pomodoro in Marzamemi

Marzamemi ist ein am Meer gelegener Stadtteil von Pachino im äußersten Süden Siziliens. Die Gegend ist bekannt für eine kleine rote Frucht, die als Juwel der sizilianischen Landwirtschaft gilt und nicht nur die Herzen von Einheimischen höherschlagen lässt. Die Rede ist natürlich von der Tomate.

Das mediterrane Klima und der fruchtbare Boden bieten den idealen Nährboden für den Anbau von Tomaten generell und einer Sorte im Besonderen. In der Region ist nämlich eine ganz eigene Sorte entstanden, die heutzutage weltweit unter diesem Namen bekannt ist: die Pachino-Tomate. Sie erhielt sogar die geschützte Ursprungsbezeichnung IGP (Indicazione Geografica Protetta), die für Herkunft und Qualität steht. Als Ausdruck der sizilianischen Kultur und Geschichte ist sie zweifellos eines der typischsten Produkte, die die Insel hervorbringt. Ihr süßer Geschmack macht die Tomate zu einem wahren Gaumenschmaus, der aus der sizilianischen Küche nicht wegzudenken ist.

Aber sie schmeckt nicht nur lecker – vor allem im sizilianischen Sugo, der Tomatensauce –, sondern ist auch noch reich an Vitamin C und Antioxidantien, enthält Kalium für die Herzgesundheit und stärkt das Immunsystem. Ein wahrer Allrounder also!

Kein Wunder, dass in Marzamemi die Casa del Pomodoro entstanden ist. Ursprünglich entstand das Bistro als Onlineshop, aber der Gründer Gianfranco di Fede hatte größere Pläne. Schon länger hatte er den Traum von einer physischen Lokalität, einem Ort der Begegnung, an dem man alles rund um die Tomate und den Anbau der Frucht lernen kann und an dem die Bauern von Pachino eine Präsentationsfläche haben, um ihren Ertrag zum Verkauf anbieten zu können, in dem so viel Hingabe, aber auch Tradition steckt. Unter der eigenen Marke Di Fede kann man weiterverarbeitete Tomaten der Region bekommen. Sei es als getrocknete Tomaten, Tomatensauce oder Tomatenpesto. Und so bringt die Casa del Pomodoro die Tomate zu den Menschen, in jedem Sinne, und zelebriert sie in all ihren Formen und Aromen.

TIPP

Die Casa del Pomodoro ist auch ein Bistro mit leckerem sizilianischen Streetfood. Guten Appetit!

- La Casa del Pomodoro, Via Marzamemi 43, 96018 Marzamemi, Tel. +39 (9 31) 09 05 04, verdurazon.it
- ÖPNV: Haltestelle Marzamemi Viale Paolo Calleri

Non invidio a Dio il paradiso perchè
sono ben soddisfatto di vivere in Sicilia.
FEDERICO II DI SVEVIA
(1194-1250)

Zwitschern im Grün

52 Im Naturschutzgebiet Vendicari in Noto

Zwischen Lido di Noto und San Lorenzo im Süden Siziliens erstreckt sich auf fast 1500 Hektar ein Naturschutzgebiet, das als einer der wichtigsten Rastplätze im Mittelmeerraum für Zugvögel auf ihrem Weg in den Süden und zurück gilt. In Vendicari können daher aus zahlreichen Beobachtungshütten Kormorane, Reiher, Störche und mit etwas Glück sogar Flamingos beobachtet werden. Wer Vögel liebt, wird von diesem Naturschutzgebiet begeistert sein, das nur durch das Engagement von Umweltverbänden heute noch erhalten ist. Es ist ein Ort, an dem man die Schönheit der Natur in all ihren Facetten bewundern und die Geschichte Siziliens hautnah erleben kann.

Aber auch wer einfach zum Erholen oder Entdecken auf Sizilien ist, kann in Vendicari seinen persönlichen Wohlfühlort finden. Die Landschaft ist mit ihren Lagunen, Sanddünen, schroffen und felsigen Küsten sowie traumhaften Sandstränden sehr abwechslungsreich. Auch archäologische Ruinen, wie die alte Thunfischfischerei, die auf Italienisch „Tonnara" heißt, Fischerhäuser und der im 15. Jahrhundert erbaute Schwedische Turm, „Torre Sveva", gewähren einen kleinen Ausflug in die Vergangenheit. Hier verschmelzen Natur und Geschichte auf wunderbare Weise und werden eins.

TIPP

Wer die verschiedenen Vögel beobachten möchte, sollte ein Fernglas einpacken!

An verschiedenen Eingängen kann der Obolus zum Zugang ins Naturschutzgebiet bezahlt werden. Danach kann man sich frei bewegen und die Gegend nach Herzenslust erkunden. Wer das meiste aus dem Eintritt herausholen möchte, sollte auch gleich Badesachen einpacken. Denn in Vendicari warten Strände, die als die schönsten der Insel gehandelt werden. Von Eloro über Marianelli bis hin zu Calamosche und Vendicari – jeder Strand hat seinen eigenen Charme und ist ein Paradies für Sonnenanbeter und leidenschaftliche Schnorchler. Das sollte also auf jeden Fall auf die To-do-Liste für den Ausflug.

Wer die Chance hat, dieses einzigartige Naturschutzgebiet zu besuchen, sollte sie unbedingt nutzen und sich von der Magie des Vendicari Reservats verzaubern lassen.

● Riserva di Vendicari, Eingang Vendicari, Contrada Vendicari, 96017 Noto
vendicari.net

Schokolade wie früher

53

In der Antica Dolceria Bonajuto in Modica

Modica in der Provinz Ragusa ist bekannt für seine süße Spezialität: Schokolade. Die sogenannte Modica-Schokolade ist sogar beim italienischen Ministerium für Landwirtschafts-, Ernährungs- und Forstpolitik als traditionell hergestelltes Agrar- und Nahrungsmittelprodukt anerkannt. Denn die Modica-Schokolade wird noch immer auf traditionelle Weise hergestellt, das heißt kalt und ohne weitere Zutaten. Letzteres gilt insbesondere für Milch, Butter oder pflanzliche Fette. Sie besteht ausschließlich aus Kakaomasse, Zucker und eventuell hinzugefügten Gewürzen wie Zimt, Vanille oder Chili. Durch die Verarbeitung bei maximal 45 Grad erhält die Schokolade eine raue und körnige Konsistenz, die für die Modica-Schokolade charakteristisch ist.
Kaum zu glauben, dass die Europäer Kakao gegenüber zunächst skeptisch eingestellt waren, nachdem sie ihn zusammen mit den Geräten zu seiner Verarbeitung aus Mesoamerika mitgebracht hatten. Die Azteken tranken Kakao kalt, während die Maya heißes Wasser nutzten. Daher auch der Name Schokolade, der aus der Aztekensprache Nahuatl kommt und übersetzt vermutlich Kakaowasser bedeutet. In jedem Fall war das Getränk für den spanischen Gaumen zu sauer und die schaumige Konsistenz wirkte abschreckend. Also fügten sie Zucker hinzu, den weder die Azteken noch die Mayas kannten. So begann die Geschichte der modernen Schokolade.
Die älteste Schokoladenfabrik der Insel ist die 150 Jahre alte Antica Dolceria Bonajuto. Hier geht man der meisterhaften Handwerkskunst rund um die Schokolade bereits seit sechs Generationen nach, und zwar mit Liebe und Leidenschaft. 1880 eröffnete Francesco Bonajuto die kleine Süßwarenhandlung im Herzen der Barockstadt Modica. Der heutige Laden befindet sich immer noch an der gleichen Stelle. Die alten Aromen werden heute zum Teil neu interpretiert und kreativ kombiniert. Diese charmante Verbindung zwischen Vergangenheit und Gegenwart macht den einzigartigen Bonajuto-Stil aus.

TIPP

Unbedingt in der Probierecke die verschiedenen Sorten kosten!

● Antica Dolceria Bonajuto, Corso Umberto I, 159, 97015 Modica, Tel. +39 (9 32) 94 12 25, bonajuto.it
● ÖPNV: Haltestelle Modica

BEAN TO BAR
MEXICO
CIOCCOLATO
TANZANIA
CHOCOLATE
NOCE MOSCATA
XOCOATL

Im Namen des Heiligen Geistes

54 Das Santuario dello Spirito Santo in Gangi

Die Häuser der Altstadt, die teilweise noch aus dem 14. Jahrhundert ist, schmiegen sich in dem Ort mit rund 6000 Einwohnern eng aneinander. Er wurde Mitglied der Vereinigung „I borghi più belli d'Italia" (Die schönsten Orte Italiens) und machte 2017 international Schlagzeilen, als er als erster einer späteren Reihe von historischen Orten begann, Häuser für nur einen Euro zum Kauf anzubieten. Die Rede ist von Gangi.

Idyllisch liegt die Kleinstadt in den bergigen Monti Madonie, einer Gebirgskette, die die Fortsetzung des Apennins ist und durch den Schnee in der kalten Jahreszeit im Winter sogar für Skifahren und Co. geeignet ist. Am Fuße ebendieser Stadt befindet sich das Santuario dello Spirito Santo, um das sich eine Legende rankt. Dieser zufolge stand an dieser Stelle eine Kapelle, die dem Heiligen Geist gewidmet war. Dort gab es einen Felsbrocken, auf dem ein Bildnis von Gott mit einer Taube auf der Brust gezeichnet war.

TIPP

Am Pfingstsonntag findet die Heilig-Geist-Prozession statt, die das größte Event in den Madonie ist.

Als im 16. Jahrhundert während des Bildersturms reihenweise religiöse Bilder zerstört wurden, wurde dieses Bildnis begraben und blieb über eine lange Zeit unter der Erde verborgen. Dann grub ein taubstummer Bauer den Felsbrocken bei dem Vorhaben aus, einen Brunnen bauen zu wollen. Als er das Bildnis auf dem Brocken entdeckte, stellte er fest, dass aus der einen Augenbraue Blut tropfte. Er rannte ins Dorf, um den Bürgern von seinem Fund zu berichten. Erstaunt stellte er selbst fest, dass er reden konnte. Als die Bürger den Brocken ins Dorf transportieren wollten, ließ er sich nicht bewegen – nicht einmal mithilfe von Ochsen.

So wurde eine Kapelle gebaut, die später zur Apsis einer kleinen Kirche zu Ehren der heiligen Katharina erbaut wurde. 1576 erfuhr die kleine Kirche eine architektonische Veränderung und übernahm den Namen des Heiligen Geistes. Im Laufe des 18. Jahrhunderts wurden weitere Eingriffe vorgenommen, die zur Gestaltung der Kirche und im 19. Jahrhundert zur Errichtung der Seitenkapelle Madonna della Provvidenza führten.

● Santuario dello Spirito Santo, Contrada Via Santo Spirito, 90024 Gangi

Erhabene Relikte

55 Am Castello di Pietrarossa in Caltanissetta

Caltanissetta thront in einem hügeligen Gebiet in 568 Meter Höhe und ist die größte sizilianische Stadt, die nicht am Meer liegt. Vermutlich siedelten hier bereits lange vor den Griechen die Sikaner, die den Ort Nissa getauft hatten. Viele Jahrhunderte später wurde hier unter der arabischen Herrschaft eine Burg auf einem Felsen errichtet, über deren Ursprung es viele Debatten gibt. Da sie aus vornormannischer Zeit stammt, fehlt es an Dokumentation und man kann schwer bis gar nicht rekonstruieren, wer sie wann errichtet hat. 1086 wurde sie dann von den Normannen erobert und erweitert. Als gesichert gilt, dass diese Burg wohl eines der ältesten Gebäude der Stadt ist. Sie trägt den Namen Castello di Pietrarossa.

Höchstwahrscheinlich ist sie byzantinischen Ursprungs und wurde zwischen 750 und 800 erbaut. Das Castello di Pietrarossa war Schauplatz mehrerer historischer Ereignisse und erhielt unter der Herrschaft Aragons eine wichtige Rolle, als es als Sitz der Parlamente Siziliens ausgewählt wurde. Ab dem 15. Jahrhundert wurde die Burg jedoch nicht mehr als Adelssitz genutzt, was nach und nach zu ihrem Verfall führte.

TIPP
Einen Abstecher in die Altstadt aus dem 14. Jahrhundert einplanen!

1567 wurde sie von einem Erdbeben nahezu zerstört, da der uneinnehmbare Felsen, auf dem sie stand, einstürzte. 100 Jahre später wurden zwar Maßnahmen getroffen, um die Burg instand zu halten, aber dies hatte zur Folge, dass die Überreste als Steinbruch für Bauarbeiten in der Siedlung genutzt wurden.

Obwohl die Burg immer weiter verfiel, wurde hier im 16. Jahrhundert die Leiche von Adelasia, der Enkelin von Ruggero I d'Altavilla, gefunden, eine Kupferkrone gab ihren Namen und ihre Abstammung an.

So kommt es, dass heute nur noch Mauerreste bestaunt werden können. Man kann bestenfalls erahnen, wie es gewesen sein muss, als es hier noch Grafen und Burgherren gab, die von der Burg auf die Siedlung und ins idyllische Tal herabblickten, die damals noch direkt am Fuße des Felsens gelegen hat.

- Castello di Pietrarossa, 93100 Caltanissetta
- ÖPNV: Bahnhof Caltanissetta Centrale

Schloss der Staufer

56

Am Castello Maniace in Syrakus

Die Altstadt von Syrakus hat ein ganz besonderes Flair. Denn sie liegt auf einer eigenen Halbinsel, genannt Ortygia, und ist somit vollkommen isoliert vom modernen Teil der Stadt. So kann man vollständig ins historische Zentrum eintauchen, von einer Seite der Halbinsel zur anderen laufen und den Charme der Zeugnisse der Vergangenheit in vollen Zügen genießen.

Wer Ortygia einmal Richtung Süden durchquert, erreicht am anderen Ende nicht nur das Meer, sondern auch eine Festung, die majestätisch die Südspitze bildet. Sie ist vollkommen von Wasser umgeben und sieht aus wie einem Malbuch entsprungen. Dies ist Castello Maniace. Friedrich II., der ab 1198 Herrscher des staufischen Königreiches Sizilien war, ließ die Festung in dieser filmreifen Kulisse erbauen und nutzte sie als königlichen Palast und militärische Garnison.

TIPP

In die Geschichte eintauchen und einfach treiben lassen!

Sie hat einen viereckigen Grundriss und runde Ecktürme. Architektonisch sticht sie aus dem, was es im Mittelmeerraum sonst zu sehen gibt, stark heraus. Zum Beispiel hat sie einen riesigen Saal mit einem Kreuzrippengewölbe und einzigartigen Kapitellen, die kunstvoll verziert sind. Eine islamische Gebetsnische wirft zudem Fragen auf und weist auf eine spannende Vergangenheit hin.

1704 explodierte in einer Pulverkammer ein Fass mit Schwarzpulver, wobei das Schloss im Innern beschädigt wurde. Von außen sieht man jedoch so gut wie nichts davon. Restaurierungsarbeiten haben es möglich gemacht, dass das Castello seit 2004 wieder besichtigt werden kann. Besonders imposant sind das Eingangsportal aus der Stauferzeit sowie die künstlerische Säulenhalle. Auch eine Stele von Friedrich II. kann hier bewundert werden.

Aber auch wer nicht hineinmöchte, sollte den Weg bis an die Spitze Ortygias zurücklegen. Es ist, als käme man aus einer wuseligen Blase, wenn sich plötzlich vor einem das Meer mit dem Castello Maniace auftut. Bänke laden zum Entspannen ein und sogleich scheint sich bei diesem majestätischen Anblick ein innerer Frieden einzustellen.

- Castello Maniace, Via Castello Maniace 51, 96100 Siracusa
- ÖPNV: Haltestelle Corso Umberto

Im Bann des Ätna

57 Im Rifugio Citelli in Sant'Alfio

Europas höchster aktiver Vulkan ist ein beeindruckendes Naturwunder, das Anwohner wie Besucher gleichermaßen in seinen Bann zieht. Vor allem Abenteurer und Naturliebhaber aus aller Welt werden wie durch Magie von diesem besonderen Ort angezogen, in dessen Innern sich ein glühendes Reich des Feuers verbirgt. In unregelmäßigen Abständen kehrt sich diese Welt nach außen, die heiße Masse entlädt sich, der Ätna qualmt und speit Asche und brodelnde Lava. Meterhohe Fontänen schießen in den Himmel und begraben dann auf ihrem Weg als Lavastrom den Berg hinab alles unter sich, was auf seinem Weg liegt. Ein gefährliches, aber auch faszinierendes Schauspiel.

Durch die spektakuläre Landschaft aus sanften Hängen, malerischen Wäldern und felsigen Mondlandschaften dieses mächtigen Vulkans zu wandern, dort zu übernachten und vielleicht sogar den Gipfel – natürlich nur mit einem erfahrenen Wanderführer – zu erklimmen, ist für viele ein kleines Träumchen. Dieses kann man sich im Rifugio Citelli erfüllen. Es liegt auf 1740 Metern und ist damit die höchste Schutzhütte des Ätna.

TIPP

Immer an den Zwiebellook denken! In dieser Höhe kann es kalt werden …

Als Standort wurde ein Gipfel auf der Nordostseite gewählt, der sogenannte Monte Concazze, dessen Krater bereits seit langer Zeit inaktiv ist. Von hier hat man einen herrlichen Panoramablick und seit einigen Jahren kann man sogar den Gipfel des Vulkans erspähen, der sich durch die Ausbrüche immer weiter verschoben hat. Schon seit 1934 werden hier Wanderer empfangen. Im Laufe der Jahrzehnte hat die Schutzhütte mehrmals den Besitzer gewechselt. 2012 wurde sie renoviert und zwei Jahre später neu eröffnet. Seitdem warten hier Doppel- und Viererzimmer mit insgesamt vier Bädern, die sich die Gäste teilen, und sogar WLAN. Im Restaurant ist Platz für 35 Personen. Egal ob für einen Zwischenstopp zur Stärkung mit lokalen Spezialitäten, als Ausgangspunkt für Wanderungen oder für eine Übernachtung in dieser spektakulären Szenerie: In der gemütlichen Hütte wird man herzlich empfangen.

● Rifugio Citelli, S.P. Mareneve snc km 13,9, 95010 Sant'Alfio, Tel. +39 (95) 93 00 00
rifugiocitelli.it

Rifugio Citelli
Dispenser di gel

Frischer Fisch gefällig?

58 In der Trattoria da Calogero in Palermo

Tiefschwarze Seeigel, Tintenfische mit langen Tentakeln und verschlossene Miesmuscheln liegen auf bunt mit Meeresmotiven bemalten Tellern auf einer offenen Theke. Passanten können sich so im Vorbeigehen von der Frische der größtenteils noch lebenden Produkte selbst überzeugen. Kindern entfleucht ab und an ein freudiges Quieken, wenn die ein oder andere Muschel auch mal aufgeht und Wasser in die Höhe spritzt. Am Morgen von lokalen Fischern auf ihren kleinen Booten aus dem Meer gefischt, liegen die Meeresfrüchte und Fische in der Trattoria da Calogero auf dem Teller oder kommen noch für eine Weile ins Aquarium. So zum Beispiel Langusten oder Hummer. Frischer geht es eigentlich nicht … Wer im Vorbeigehen spontan Lust auf Meeresfrüchte bekommt, kann einfach auf das Tier der Wahl zeigen und es frisch vor den eigenen Augen zubereiten lassen. Da Calogero ist aber nicht nur für Laufkundschaft ein gutes Ziel, auch wenn die Lage am Lungomare und um die Ecke der Piazza di Mondello mit der Sirenetta dafür ideal ist. Auch wer gezielt zum Mittag- oder Abendessen hierherkommt, ist genau richtig. Tische warten im Innen- sowie Außenbereich. Hier gibt es die Schätze des Mittelmeeres in allen vorstellbaren Varianten: mit Nudeln, als Risotto, auf der Pizza, mit einer leckeren Marinade, als Tartar, Sushi oder einfach nur mit Pfeffer. Hier werden Meeresfrüchte-Träume wahr. Aber auch wer lieber auf Tiere aus dem Meer verzichten möchte, kommt hier auf seine Kosten. Sitzen kann man drinnen oder draußen. Im Außenbereich kann man zusätzlich die Spiaggia di Mondello und den Blick auf den Monte Pellegrino, den Hausberg Palermos, genießen, der auf der anderen Seite der Bucht thront. Für eine bessere Sicht muss man nur die Straße überqueren. Mit geübtem Auge kann man auch die Form eines schlafenden Hundes in den Umrissen des mächtigen Berges ausmachen. Am Abend kann man zudem die Lichter der Fischer auf ihren Booten am Horizont tanzen sehen, die die Meeresfrüchte für den nächsten Tag fischen.

TIPP

Nach dem Essen ist ein Verdauungsspaziergang an der Strandpromenade gut für Körper und Geist!

- Trattoria da Calogero, Via Torre di Mondello 22 e/f, 90151 Palermo, Tel. +39 (91) 6 84 13 33
- ÖPNV: Haltestelle Torre Mondello – Teti

DA CALOGERO

Aperitivo mit Aussicht

59

Im Grand Hotel Timeo in Taormina

Wer auf Sizilien in die Fußstapfen von Persönlichkeiten wie Oscar Wilde, David Herbert Lawrence, Guy de Maupassant und Kaiser Wilhelm II. treten möchte, sollte einen Besuch im Grand Hotel Timeo einplanen. Das älteste Hotel von Taormina empfängt seine Gäste bereits seit 1873, gilt als Inbegriff von Eleganz und Grandezza und ist ein prachtvolles neoklassisches Symbol des sizilianischen Adels. Es wurde am Hang direkt unterhalb des Teatro Antico gebaut und ist nicht zuletzt wegen seiner Lage und des fantastischen Ausblicks auf den Ätna und das Meer so beliebt.

Im Innern kann die barocke Pracht bewundert werden, die trotz umfangreicher Renovierungsarbeiten 2010 erhalten ist. Das ist die zeitlose Eleganz des Hotels, das mittlerweile aber auch ganz klar den modernen Reisenden ansprechen möchte. Auf der einen Seite Annehmlichkeiten wie ein Schwimmbad und ein Fitnesscenter und auf der anderen Seite antike Möbel und Kunstwerke … Auf elegante Weise werden hier Alt und Neu vereint.

TIPP

Am besten den Besuch im Grand Hotel Timeo mit einer Aufführung im Teatro Antico verbinden!

Ein rund 6 Hektar großer Park mit duftenden Blumen lädt zum Schlendern ein und beflügelt die Fantasie. So ist das Grand Hotel Timeo ein zauberhafter Zufluchtsort, an dem die Zeit stillzustehen scheint. Gleichzeitig stellt sich ein wundersames Gefühl des Nachhausekommens ein.

Das Highlight kann man jedoch schon seit 150 Jahren genießen: Die sogenannte literarische Terrasse soll ein Ort der Inspiration sein, während man den Blick über die Stadt und das Meer schweifen lassen kann und vielleicht den Gaumen mit erlesenen sizilianischen Spezialitäten aus dem Restaurant Il Dito e la Luna verwöhnt. Dafür muss man auch nicht einmal Übernachtungsgast sein.

Ob Gourmet oder Naturliebhaber – das Grand Hotel Timeo bietet ein facettenreiches Erlebnis. Einfach in die einzigartige Atmosphäre eintauchen und sich von der Eleganz und Grandezza vergangener Tage verzaubern lassen. Hier findet die Schönheit Siziliens ihre Vollendung und die Magie dieses Glücksortes begeistert für immer.

- Grand Hotel Timeo, Via Teatro Greco 59, 98039 Taormina, Tel. +39 (9 42) 6 27 02 00, belmond.com
- ÖPNV: Haltestelle Taormina Terminal Bus

Naturträumereien

60 Riserva dello Zingaro in San Vito lo Capo

Heute gibt es 74 Naturreservate in Sizilien. Kaum zu glauben, dass das erste erst 1981 eingerichtet wurde. Damals sollte die Halbinsel im äußersten Westen Siziliens bebaut werden. Proteste wurden laut und so wurde die Riserva dello Zingaro gegründet. Der Naturpark erstreckt sich von San Vito lo Capo bis Castellammare del Golfo, auf der einen Seite das türkisblaue Meer, das geradewegs aus einem Bilderbuch zu sein scheint, und auf der anderen Seite die eigentlich kargen Felsen Siziliens, die im Frühling bis Ende Mai durchaus mit saftig grünem Gras bewachsen sind. In jedem Fall bilden die beiden Seiten einen Kontrast zueinander, der stärker kaum sein könnte.

Das Wandergebiet kann von zwei Seiten betreten werden: von San Vito lo Capo oder von Scopello. In Scopello steht am Eingang, wo es auch einen großen Parkplatz gibt, noch eine Snackbar, in der man sich mit Getränken und Snacks eindecken kann. Nach diesem Punkt gibt es keine Möglichkeit mehr, Getränke oder Snacks zu kaufen. Es empfiehlt sich also, genug dabeizuhaben, vor allem im heißen sizilianischen Sommer.

TIPP

Gerade in der Hochsaison früh da sein, um noch einen Parkplatz zu bekommen.

In der Vergangenheit lebten hier nicht nur Bauern. Auch Schmuggler und Händler kamen im heutigen Naturreservat unter, da sie die vielen Höhlen als Lagerräume nutzten und ihre Waren dort vor den Augen aller versteckten. Heute begegnet man nur wanderfreudigen Touristen und Locals, die von den weitläufigen Wanderwegen und den idyllischen Buchten, von denen einige nur per Boot erreicht werden können, erfahren haben.

Vom Eingang geht es über den Weg durch eine Art Tunnel, der in den Felsen gehauen wurde. Kurz darauf trennen sich die Wanderwege. Wer dem Pfad auf den Berg folgt, gelangt sehr bald an ein kleines Museum, das einen Einblick in die Flora und Fauna des Naturreservats gibt. Dahinter führt der Weg weiter hinauf.

Wer bis zum Gipfel möchte, sollte mindestens 2 Stunden für den Weg hinauf einplanen. Allerdings kommt man in rund 40 Minuten zu einem schönen Aussichtspunkt, der bereits den Aufstieg lohnt.

● Riserva dello Zingaro, Südeingang: Strada Provinciale 63, 91010 San Vito lo Capo
riservanaturalezingaro.com

Die Stadt der Albaner

61 Am Lago di Piana degli Albanesi

Etwa 45 Minuten mit dem Auto von Palermo entfernt liegt der Ort Piana degli Albanesi idyllisch in einer Ebene, umgeben von den Bergen Monte Ginestra mit 1099 Metern und Monte Leardo mit 1016 Metern. Er ist auch bekannt als „Hora e Arbëreshëvet" (Stadt der Albaner), da sich nach der türkischen Invasion des Balkans im 15. Jahrhundert albanische Flüchtlinge hier niederließen und eine neue Heimat fanden. Bis heute hat sich die ethnische und sprachliche Identität ihrer ursprünglichen Heimat gehalten, sodass man hier einzigartige Traditionen und ein völlig anderes Sizilien erleben kann.

In der Altstadt kann man noch heute die Spuren der ersten Einwanderer sehen. Sie ist geprägt von byzantinischem Stil und fällt zum Beispiel durch die zahlreichen alten Brunnen auf. Auch die Kathedrale des heiligen Demetrius des Großen ist sehenswert. Mehr über die Geschichte kann man im Museo della Cultura Arbëreshe N. Barato erfahren.

TIPP
Wer in der Karwoche in Sizilien ist, kann hier in der Kathedrale besondere Zeremonien erleben.

Auch gastronomisch hält Piana degli Albanesi einige Überraschungen bereit. Hier warten nämlich köstliche Rezepte aus der albanischen Küche. Von Strangujët, die Gnocchi mit Tomaten und Basilikum ähneln, bis zu traditionellen Desserts aus Schafskäse wie Cannoli und Bignè verspricht die kulinarische Reise durch Piana degli Albanesi unvergessliche Geschmackserlebnisse.

Der Höhepunkt ist jedoch der malerische Stausee von Piana degli Albanesi, der eine Oase der Ruhe und Entspannung ist. Er wurde zwischen 1920 und 1923 zur Erzeugung von Strom angelegt. Der 40 Quadratkilometer große See wird vom Fluss Belice gespeist. Die atemberaubende Naturlandschaft lädt zum Spazierengehen und zu einem Picknick ein. Also Picknickkorb und Co. nicht vergessen!

Inmitten dieser faszinierenden Mischung aus Geschichte, Natur und kulinarischen Genüssen offenbart sich Piana degli Albanesi als wahrer Glücksort. Ein Ort, der seine Besucher mit seiner Einzigartigkeit verzaubert und ihnen eine unvergessliche Reise in die albanisch-sizilianische Kultur bietet.

● Spiaggetta del Lago di Piana degli Albanesi, Viale Santa Caterina, 90037 Piana degli Albanesi

Symbol der Macht

62 Castello Manfredonico Chiaramonte, Mussomeli

Mussomeli ist eine charmante Kleinstadt in der Nähe von Caltanissetta. Die Geschichte des Ortes reicht weit zurück, denn das Gebiet war bereits um 1500 v. Chr. von den Ureinwohnern Siziliens, den Sikanern, bewohnt. Spuren griechischer, römischer und byzantinischer Kultur gibt es ebenfalls – zum Beispiel Zisternen, Lampen, Vasen und goldene Stangen. Die Siedlung wurde während der Herrschaft der Muslime im 9. Jahrhundert gegründet und der Name Mussomeli soll von den arabischen Wörtern „Kalà Abet el Mumin“ kommen, was Burg oder Festung Abet el Mumin bedeutet. Nach einer anderen Vermutung kommt der Name von „Musso da Menzil“ (Herberge) oder „Meli da Malek“, einem arabischen Emir. Allerdings gibt es noch eine weitere Theorie, nach der der Name auf den lateinischen Ausdruck „mons mellis“ (Honigberg) zurückgeht. Dafür spricht das Wappen von Mussomeli mit seinen drei Türmen und drei fliegenden Bienen.

In den Jahrhunderten nach dem Ende der arabischen Herrschaft über Sizilien gab es in Mussomeli viele Konflikte zwischen den adeligen Familien. Die Burg von Mussomeli, das Castello Manfredonico Chiaramonte, wurde 1370 auf Befehl von Manfredi II. Chiaramonte in ebendieser schwierigen Zeit errichtet und entwickelte sich im Laufe der Jahrhunderte zu einem Symbol der Macht.

TIPP

Auch Mussomeli selbst birgt zahlreiche Schätze aus römischer, arabischer und byzantinischer Zeit.

Es steht auf einem Felssporn rund 2 Kilometer außerhalb des Ortes und beherrscht die Szenerie. Das geübte Auge erkennt gotische Elemente, zum Beispiel die Zinnen und die Zwillingsbogenfenster, die Türme und Portale. Im Innern befinden sich hohe Kreuzgewölbe. Auch das alte Gefängnis kann man noch sehen, das eine Falltür im Boden hatte, durch die die Gefangenen nach unten ins sogenannte Prigione della Morte, das Gefängnis des Todes, gelassen wurden, wo sie den Tod durch Ertrinken fanden.

Das Castello Manfredonico Chiaramonte in Mussomeli ist eine beeindruckende Felsenburg, die als Symbol für die glorreiche Vergangenheit der Region steht und eine Reise ins Mittelalter bereithält.

● Castello Manfredonico Chiaramonte, Viale del Castello, 93014 Mussomeli, Tel. +39 (9 34) 99 20 09, comunedimussomeli.it

Bei Kommissar Montalbano

63

Das Rathaus von Scicli

Scicli ist eine bezaubernde Barockstadt im Süden von Sizilien. Wie die anderen Städte im Val di Noto wurde auch Scicli 1693 bei dem verheerenden Erdbeben zerstört und dann im Barockstil wiederaufgebaut. Dies verhalf der Region im Jahr 2002 zu einem Eintrag in die UNESCO-Welterbeliste und ist einer der Gründe, warum es Touristen in diesen etwas abgelegenen Teil der Insel verschlägt.

In Scicli erwartet einen aber noch mehr als nur die bewegte Vergangenheit zwischen arabischer und normannischer Herrschaft, barocken Palazzi und prachtvollen Kirchen. In der Via Francesco Mormino Penna befindet sich das Rathaus der Stadt. Das wäre eigentlich keine Besonderheit, wenn das Gebäude, an dessen Fassade das Wort „municipio" (Rathaus) zu lesen ist, nicht aus dem Fernsehen bekannt wäre. Es diente nämlich als Schauplatz für die Polizeistation des Commissario Montalbano.

TIPP

Für noch mehr Montalbanofeeling kann man nach Punta Secca zum Haus des Commissario fahren.

Der beliebte Inspektor ist der Feder des berühmten sizilianischen Autors Andrea Camilleri entsprungen. Die Kriminalromane rund um Salvo Montalbano wurden in 30 Sprachen übersetzt und verschafften Camilleri internationale Bekanntheit, der insgesamt über 100 Bücher verfasst hat. Seine Bücher sind der Inbegriff sizilianischer Lebensart, einfallsreicher Kriminalistik und süditalienischen Charmes, die auch in der Serie mit über 30 Folgen rüberkommen sollen.

Besonders spannend ist, dass im Rathaus sogar zwei Sets aufgebaut waren: das des Polizeipräsidiums von Montelusa und das Kommissariat von Vigata. Während Montalbano in der Serie mit dem Auto von Vigata nach Montelusa fährt, ging der Schauspieler Michele Riondino für die nächste Szene einfach in den zweiten Stock.

Wer ein Fan des Commissario Montalbano ist, wird das Rathaus von Scicli bestimmt als ein besonderes Highlight erleben, durch das die Serie zum Leben erweckt wird. Doch selbst für diejenigen, die mit Montalbano nicht vertraut sind, ist Scicli eine echte Perle Siziliens.

● Municipio di Scicli, Via Francesco Mormino Penna 92, 97018 Scicli
● ÖPNV: Bahnhof Scicli

MUNICIPIO

Auf den Spuren des Paten

64 In der Bar Vitelli in Savoca

Sizilien ist Synonym für viel Schönes: Für die schönsten Strände Europas, für leuchtend türkises Meer, für bezaubernde Altstädte voller Geschichte und süditalienischen Charme. Aber auch die Cosa Nostra, die sizilianische Mafia, ist fest in den Köpfen der Menschen als Assoziation mit Sizilien verankert. Natürlich ist die Mafia Realität, aber mit Sicherheit ist auch ein Grund für dieses Klischee die Filmreihe „Der Pate" mit Marlon Brando und Al Pacino, die die Geschichte der Familie Corleone porträtiert. Die Familie ist zwar nach New York ausgewandert, stammt jedoch aus Sizilien und einige Szenen spielen auf der Insel.

Wer die sizilianischen Drehorte des Meisterwerks von Francis Ford Coppola jedoch tatsächlich in Corleone sucht, wird nicht fündig. Der Film basiert nämlich auf dem Buch von Mario Puzo, der Corleone als ländlich beschreibt. Als „Der Pate" jedoch in den 1970er-Jahren gedreht wurde, war Corleone bereits zu einer kleinen Stadt herangewachsen. So entschied man, die Drehorte an anderen Stellen zu suchen.

Einen davon findet man in Savoca, einem kleinen Örtchen in den Bergen der Provinz Messina, das Mitglied in der Vereinigung der schönsten Dörfer Italiens ist. Es wurde 1132 als normannische Siedlung von Roger II. gegründet und das historische Zentrum ist bis heute sehr gut erhalten. Das malerische Dorf diente als Kulisse für die Szenen, als Michael sich in Apollonia verliebt, um ihre Hand anhält und sie im Folgenden heiratet. All das wurde in Savoca gedreht. Und mehr noch: Die Bar, vor der Michael den Vater Apollonias bittet, sie zur Frau nehmen zu dürfen, gibt es heute noch.

Filmfans können also einfach in die Bar Vitelli gehen, eine von Francis Ford Coppola geliebte Granita al Limone (eine gefrorene sizilianische Süßspeise, ähnlich einem Zitronensorbet) trinken und die Bar auf sich wirken lassen. In den Innenräumen hängen Fotos vom Dreh und einige Stühle sind mit Schildern markiert: zum Beispiel der Stuhl, auf dem Al Pacino gesessen hat.

TIPP

Noch nicht genug vom „Paten"? In der Kirche San Nicolo fand Michaels und Apollonias Hochzeit statt.

- Bar Vitelli, Piazza Fossia 7, 98038 Savoca
- ÖPNV: Haltestelle Savoca Strada Provinciale 19

BAR VITELLI
5
7
LA
EIN

Standhafte Schutzpatronin

65

An der Statua dell'Immacolata in Messina

Wenn in Sizilien ein kleines Wunder geschieht, baut man schon mal ein Monument für den Allmächtigen oder seinen Sohn – oder eben für die Mutter Jesu. So geschah es auch im Messina des 18. Jahrhunderts. Als bei der jährlichen Prozession zum 15. August einige Menschen vom Wagen fielen und auf wundersame Weise unverletzt blieben, errichtete man der Jungfrau Maria eine Statue aus weißem Marmor, die sie im Ährenkleid darstellt. Dieses steht für die unbefleckte Empfängnis und macht sie zur Maria Immacolata.

Die Statua dell'Immacolata wurde 1758 fertiggestellt und befindet sich nördlich der Kathedrale hinter dem Glockenturm, den man ebenfalls bewundern kann, wenn man vor der Marienstatue steht. Ursprünglich wurde sie vor der Kirche San Nicolò dei Gentiluomini an der Piazza della Concezione aufgestellt, die früher Piazza del Pentidattilo hieß. Aus städtebaulichen Gründen wurde sie jedoch an ihren aktuellen Standort verlegt, sodass Platz für den Palazzo della Provincia und die Via Loggia dei Mercanti geschaffen wurde.

Die Statue wurde zwar im Laufe der Jahrhunderte mehrmals restauriert, hat aber sogar schwere Naturkatastrophen wie Erdbeben sowie die Bombardements des Zweiten Weltkriegs überstanden. Andere Gebäude in ihrer direkten Umgebung wie zum Beispiel die Kathedrale und der Glockenturm wurden hingegen zerstört. Nicht zuletzt wegen dieses Umstands ist die beeindruckende Statue von großer religiöser Bedeutung und gilt unter den Messinesen als Schutzpatronin der Stadt.

Wie für eine Statue der Maria Immacolata typisch steht sie auf einer Weltkugel, die den Sieg über die Sünde symbolisiert, um die sich Schlangen winden, die für die Erbsünde stehen, und einer Mondsichel als Zeichen der Apokalypse. Ihr zu Füßen sieht man geflügelte Putten. Die Statua dell'Immacolata veranschaulicht die Verehrung und den christlichen Glauben der Menschen in Messina und ist ein bedeutendes Zeugnis der reichen Kulturgeschichte Siziliens.

TIPP

Am 8. Dezember kann man eine Zeremonie beobachten, in der die Immacolata eine Blumenkrone erhält.

● Statua dell'Immacolata, Via Cristoforo Colombo 2, 98122 Messina
● ÖPNV: Haltestelle Via Garibaldi, Catasto

Freiheit unter den Füßen

66

Nationalpark Capo Gallo in Palermo

Zwischen den kleinen Vororten Palermos Mondello und Sferracavallo wartet ein Naturschutzgebiet darauf, erkundet zu werden. Es liegt nur rund 12 Kilometer von der Metropolitanstadt entfernt und erstreckt sich über den Rücken des Monte Gallo, seinen Abhang und den Küstenstreifen. Der Berg markiert das westliche Ende des Golfs von Palermo. Am Kap selbst steht ein Leuchtturm und obwohl es nicht vollständig umrundet werden kann, lohnt sich ein Besuch für alle, die gerne wandern gehen. An der Oberfläche ist der Nationalpark von Pinienhainen und anderer Vegetation geprägt. Darunter sind auch Pflanzen, die ausschließlich hier zu finden sind: so zum Beispiel der Palermo-Strandflieder oder die Kamille von Capo Gallo. Aber auch Pistazien, Ginster und Johannisbrotbäume gedeihen hier prächtig. Unter der Erde ist die Gegend von Höhlen und Grotten durchzogen, in denen Tiere Unterschlupf fanden, bevor die Menschen es ihnen gleichtaten und hier in rauen Wintern unterkamen. Man fand Knochen vom mittlerweile ausgestorbenen Sizilianischen Zwergelefanten, von Flusspferden und Hirschen. Zudem gibt es eine Grotte, die Grotta Regina, die voller wohl über 2000 Jahre alter Wandzeichnungen ist. Die Höhlen sind nahezu alle nur über den Wasserweg zu erreichen. Auch wenn die Wanderwege nicht zu den Höhlen führen, ist es spannend, zu wissen, dass sich eine ganz eigene Welt unter den Füßen verbirgt, die Geschichten von Zuflucht suchenden Menschen und Tieren erzählt. Wer hier wandern gehen möchte, muss sich zunächst einmal entscheiden: Man kann das Reservat entweder von Osten in Mondello oder von Westen in Sferracavallo betreten. Beide Varianten halten einen rund 1,5 Kilometer langen Wanderweg bereit, den man auch wieder zurücklaufen muss. Verbunden sind die beiden Wege nicht. Wer den Weg am alten Wachturm von Mondello beginnt, läuft zum alten Leuchtturm von Capo Gallo. Ab Sferracavallo führt der Weg in Richtung Torre Amari, eines alten Militärpostens, von dem aus Capo Gallo kontrolliert wurde.

TIPP

Am besten früh am Morgen loswandern, damit die Sonne nicht so erbarmungslos brennt.

- Riserva Naturale Orientata Capo Gallo, 90151 Palermo
- ÖPNV: Haltestelle Torre – Piano Gallo Interna

Catania von oben

67

Auf der Kuppel der Abtei Sant'Agata

Die Schutzpatronin von Catania, die heilige Agatha, ist untrennbar mit der Geschichte dieser Stadt am Fuße des mächtigen Ätna verbunden. Die Verehrung geht so weit, dass ihr sogar die Kathedrale geweiht wurde, in der auch ihre Gebeine liegen.

Agatha war ein Mädchen, das im Catania des 3. Jahrhunderts lebte. Der Statthalter von Sicilia, der damaligen Provinz des Römischen Reiches, machte ihr einen Heiratsantrag, den sie ablehnte, weil sie sich die Jungfräulichkeit für das Himmelreich aufbewahren wollte. Nach verschiedenen Bestrafungen und Folter erschien ihr Petrus, der ihre Wunden pflegte. Danach wurde sie zur Strafe auf glühende Kohlen gelegt, auf denen sie starb. Als ein Jahr später der Ätna ausbrach, nahm man den Schleier der Toten und ging mit ihm der unaufhaltsamen Lava entgegen, die Catania zu zerstören drohte. Auf wundersame Weise erkaltete die Lava daraufhin. Seitdem gilt sie als die Schutzpatronin der Stadt.

TIPP

Vom 3. bis zum 5. Februar wird Sant'Agata jedes Jahr mit einem spektakulären Fest geehrt.

Um die Ecke des Haupteingangs der Kathedrale befindet sich eine kleine Abtei, die ebenfalls der Heiligen geweiht ist. Diese Kirche ist zwar auch von innen sehenswert, aber das wahre Highlight liegt auf ihren Dächern, denn seit 2015 sind ihre Terrassen und die Kuppel für die Öffentlichkeit geöffnet. Wo früher nur Nonnen zum Beten in der Abgeschiedenheit herkamen und um das Geschehen in der Stadt aus einer erhöhten Position verfolgen zu können, erlangt man heute einen völlig neuen Blick auf Catania.

Durch die Kirche hindurch gelangt man über eine Treppe nach oben. Immer weiter geht es Richtung Kuppel und der Ausblick wird immer besser. Oben, in etwa 40 Meter Höhe angekommen, hat man einen 360-Grad-Blick über das barocke historische Zentrum der Stadt bis zum Ätna. Auch das Meer ist zu sehen. Besonders herrlich ist die Aussicht zum Sonnenuntergang. Aber der Rundgang um die Kuppel ist immer schön: Wenn die Möwen schreien und der Himmel von Schwalben durchzogen ist, fühlt man sich weit weg von der wuseligen Großstadt und dem Himmel ganz nah.

● Chiesa Badia di Sant'Agata, Via Vittorio Emanuele II, 182, 95131 Catania, Tel. +39 (3 40) 4 23 86 63, badiasantagata.wordpress.com
● ÖPNV: Haltestelle Vittorio Emanuele II San Placido

Das verzauberte Schloss

68

Im Castello Incantato in Sciacca

Ein echtes Schloss sucht man beim Besuch des Castello Incantato in Sciacca vergeblich. Es ist eigentlich eine Art Freilichtmuseum. Hier lebte einst Filippo Bentivegna. Nachdem er seine Kindheit und Jugend in Sciacca verbracht hatte, wanderte er in die USA aus und versuchte, dort sein Glück zu finden. Doch er wurde ausgegrenzt und es gelang ihm nicht, sich in die Gesellschaft zu integrieren, die von rassistischer Diskriminierung und Unterdrückung gekennzeichnet war. Als er sich in eine Amerikanerin verliebte, verprügelte ihn sein Rivale auf brutale Weise.
Er kehrte zurück nach Sciacca, kaufte sich das Anwesen, auf dem sich heute das Castello Incantato befindet, und verbrachte dort den Rest seines Lebens in Abgeschiedenheit. Er erbaute sich sein eigenes Reich mit seinen eigenen Untertanen, die er in Bäume und auf Felsen ritzte. Allerdings immer nur die Köpfe. Er schuf ganze Kopfskulpturen, die berühmte wie unbekannte Personen darstellen sollten und denen er auch Namen gab. In diesem selbst gemachten Reich war er der Herrscher. Er selbst lebte in einem kleinen Haus in der Mitte des Anwesens und dekorierte die Wände mit Zeichnungen aus seiner Zeit in den Vereinigten Staaten, die ihn so sehr geprägt hatte.
Im Castello Incantato herrscht eine einzigartige Atmosphäre, in der die Zeit stehen geblieben zu sein scheint. Mit den Tausenden von Köpfen, den Felsen, kleinen Höhlen, den Olivenbäumen und Agaven scheint man plötzlich in eine ganz eigene Welt geraten zu sein. „Art Brut“ oder „Outsider Art“ wird dieser Stil genannt und das Anwesen von Bentivegna ist von großer künstlerischer Bedeutung. Daher wurde es renoviert und der Öffentlichkeit in der Form eines Freilichtmuseums zugänglich gemacht.
So kann man heute durch das Castello Incantato wandeln und rund 3000 der ursprünglich rund 20.000 Köpfe bestaunen, die in Stein gemeißelt, in Bäume geritzt oder in die kleinen Höhlen gemalt wurden. Die Übrigen wurden zum Teil zerstört oder in Museen rund um den Globus gebracht.

TIPP

Sciacca ist ein hübscher Küstenort mit Fischerhafen, romantischen Gassen und tollen Restaurants!

- Castello Incantato, Via Filippo Bentivegna 16, 92019 Sciacca
- ÖPNV: Haltestelle Sciacca via Agatocle

Rundfahrt um den Ätna

69

Am Regionalbahnhof der Ferrovia Circumetnea

Früher gab es zahlreiche Schmalspurbahnen in Sizilien. Heute ist nur noch eine von ihnen übrig: die Ferrovia Circumetnea. Wie der Name vermuten lässt, fährt sie einmal um den Ätna herum – zumindest fast – und bietet damit eine ganz besondere Art, den höchsten aktiven Vulkan Europas zu erleben.

Die Idee für diese Bahn kam bereits 1880 auf. 1883 wurde die Ferrovia Circumetnea gegründet und sechs Jahre später begann der Bau. Im Februar 1895 eröffnete der erste Teilabschnitt, der von Catania Borgo nach Adrano führt. Herausforderungen wegen Erdbeben und Vulkanausbrüchen wurden stets gemeistert, bis im Zweiten Weltkrieg hohe Reparaturkosten für entstandene Bombenschäden dazu führten, dass der Staat die Ferrovia Circumetnea übernehmen musste. Heute gehört auch die U-Bahn von Catania zur Ferrovia Circumetnea.

Die Bahnstrecke führt von Catania Borgo, dem Regionalbahnhof im Norden von Catania, nach Giarre-Riposto, der Endstation der Ferrovia Circumetnea, und bietet eine besondere Reise durch eine spektakuläre und abwechslungsreiche Landschaft. Vorbei an malerischen Dörfern, weiten Feldern mit Pistazienbäumen und Kakteen steht jedoch immer eins im Vordergrund: der atemberaubende Ätna. Der höchste Punkt der Strecke liegt auf 967 Meter Höhe und befindet sich in der Nähe von Rocca Calanna.

TIPP

Fahrplan vorher checken! Sonst steht man auf der anderen Seite des Ätna und kommt nicht zurück.

Wer möchte, kann an jeder beliebigen Station entlang der Strecke aussteigen und Dörfer wie Randazzo mit seinen Gebäuden aus Lava oder Riposto mit der langen Strandpromenade erkunden. Die gemütliche Fahrt ist eine entspannte Art, die Region kennenzulernen, gemütlich um den Ätna zu reisen und die faszinierende Landschaft in Ruhe zu bewundern. Der Triebwagen ist ein Fiat aus vergangenen Tagen, der nicht nur Eisenbahnfans Freude bereitet.

Um die Ätna-Umrundung komplett zu machen, muss man von der Endstation in Giarre-Riposto mit der Regionalbahn zum Hafen von Catania und von dort mit der Metro zurück nach Catania Borgo fahren.

● Stazione Ferrovia Circumetnea Catania Borgo, Via Caronda 352A, 95128 Catania
● ÖPNV: Haltestelle Catania Borgo

Ode an Siziliens Aromen

70

Pasticceria Santo Musumeci in Randazzo

Für die einen ist Eis eine Mischung aus Milch, Sahne, Zucker und Früchten. Für andere ist es eine Leidenschaft, eine Philosophie, eine Lebensweise. Und das schmeckt man. Nicht umsonst wurde die Pasticceria Santo Musumeci in Randazzo mehrfach prämiert. Hier werden die wahren Schätze Siziliens verarbeitet: Mandeln, Pistazien, Haselnüsse und die besten Zitrusfrüchte werden hier in süße Gaumenfreuden verwandelt. Sie alle wachsen in diesem magischen Land, werden von der Kraft der Sonne gespeist und sind tief verwurzelt in der Kultur und Küche der lokalen Bevölkerung.

Die Pasticceria wird mittlerweile in der zweiten Generation geführt und auch wenn das Dahinscheiden des Namensgebers und Gründers Santo Musumeci ein kaum zu füllendes Loch hinterlassen hat, so sind die drei Töchter dennoch stolz darauf, das Erbe ihres Vaters weiterführen zu können. Giovanna hat von ihrem Vater die Hingabe für Eis und Backwaren geerbt. Nun ist es an ihr, neue einzigartige Köstlichkeiten zu schaffen, die von Tradition und Kunst erzählen.

Der Blick in die Vitrine zeigt bunte Kreationen und verrät, dass es hier ein ganzes Universum an Aromen zu probieren gibt. Natürlich gibt es Klassiker. Die Pistazientorte gehört zum Beispiel in jede gute sizilianische Pasticceria. Auch der Zitronenkuchen ist beliebt und gehört fest ins Sortiment. Aber wie schon ihr Vater experimentiert auch Giovanna mit verschiedenen Geschmacksrichtungen und forscht nach Herzenslust, um etwas Besonderes zu schaffen.

Und so wird jeder Kuchen, jedes Gebäck und jedes Eis zu einem kleinen Meisterwerk, das eine eigene Geschichte von Sizilien, von Tradition und von der Liebe zu dem, was die Erde gibt, erzählt. Damit wurde die Pasticceria Santo Musumeci zu viel mehr als einer einfachen Pasticceria. Sie ist ein Symbol für die höchste Kunst der Kulinarik, die die Insel zu bieten hat – durch Hingabe, Kreativität und Handwerkskunst, die ihresgleichen suchen.

TIPP

Am besten mit der Ferrovia Circumetnea nach Randazzo fahren!

- Pasticceria Santo Musumeci, Piazza Santa Maria, 95036 Randazzo, Tel. +39 (95) 92 11 96, santomusumeci.it
- ÖPNV: Haltestelle Randazzo Via T. M. Antonino

Im vierten Himmel

71 Auf dem Bio-Weingut Quattrocieli in Alcamo

Exzellenter, frischer und authentischer Wein. Das war das Ziel der Geschwister Alcamo, als sie sich entschieden, ein Bio-Weingut zu gründen. Es sollte das perfekte Gleichgewicht zwischen Moderne und Tradition sein. Ihr Vater hatte schon lange den Traum, einen Wein herzustellen, der Sizilien und sein Terroir repräsentiert, also die Gesamtheit aus Klima, Boden und Landschaft. Diesen Traum haben seine Kinder übernommen und in die Realität umgesetzt. 2015 eröffnete das Weingut, auf dem strikt biologisch produziert wird, also ohne den Einsatz von Pestiziden, künstlichen Düngemitteln und Herbiziden.
Hier werden ausschließlich lokale autochthone Rebsorten wie Cataratto, die das Terroir der Region ausdrücken und sich anpassen, angepflanzt. So entstehen authentische Weine mit Liebe zum Detail, die die Farben, Aromen und Düfte Siziliens widerspiegeln. Die Traubenlese findet ausschließlich per Hand statt und die Reifung wird nicht forciert. Dies erfordert nicht nur geschickte Hände, sondern auch Geduld.
Das Weingut ist in die malerische Landschaft eingebettet. Hier gibt es nichts als die Produktionsstätte und den 20 Hektar großen Weinberg mit unterschiedlichen Bodentypen und eigenem Mikroklima.
Jeder, der die Weine der Cantina Quattrocieli zu schätzen weiß und mehr über ihre Entstehung erfahren möchte, ist auf dem Bio-Weingut willkommen. Die Kellerei kann besucht und die Weine können verkostet werden, begleitet von darauf abgestimmten Vesperplatten mit lokaler Wurst und Käse. Alternativ kann man auch ein Picknick im Weinberg machen. Eine einzigartige Erfahrung!
Als Highlight kann man sogar seinen eigenen Wein abfüllen. An einer Maschine wird der Wein in kleine Flaschen gefüllt, dann wird die Flasche bekorkt und das personalisierte Etikett per Hand geschrieben. Zuletzt muss die Flasche versiegelt werden und fertig ist das perfekte Souvenir, durch das man kurzzeitig Teil der Magie des Weinguts werden kann.

TIPP

Vor der Weinprobe nichts essen! Die Vesperplatte ist superlecker.

● Quattrocieli, S.S. 119 Km 3.3, 91011 Alcamo, Tel. +39 (3 20) 3 38 70 39, quattrocieli.it

QUATTROCIELI
QUATTROCIELI
Jocu
NERO D'AVOLA
DOC ALCAMO
QUATTROCIELI

An der Zitronenriviera

72 Die Kirche Unserer Lieben Frau vom Rosenkranz

Etwa 5 Kilometer nördlich von Acireale liegt ein Ortsteil namens Scillichenti. Auf dem Weg von Acireale nach Riposto fährt man unweigerlich durch ihn hindurch und damit auch vorbei an der an der Hauptstraße gelegenen Kirche Unserer Lieben Frau vom Rosenkranz. Der Name des Ortes leitet sich – so die Überlieferung – von dem sizilianischen Wort „sciḍḍicari" ab, was so viel wie rutschen bedeutet. Da in Scillichenti der Boden aus Lavagestein besteht, sind Esel und Maultiere häufig darauf ausgerutscht und haben so für diesen Namen gesorgt.
Etwas mehr als 100 Jahre ist es her, dass man beschlossen hat, dieses Stadtviertel von Acireale zu gründen, das eng mit der Geschichte der Kirche verwoben ist. Hier sollten die Arbeiter an der sogenannten Zitronenriviera unterkommen. Im Laufe der Zeit hat sich jedoch das ursprüngliche Erscheinungsbild des Ortes gewandelt – während es früher stark landwirtschaftlich geprägt war, zeigt es sich heute vielmehr als Wohngegend.
Dementsprechend jung ist auch die Kirche: Sie wurde im ersten Jahrzehnt des 20. Jahrhunderts erbaut und 1912 eingeweiht. 1932 wurde sie zur Pfarrei erhoben. Sie steht direkt am Dorfplatz, den sie dominiert. Um den Platz herum laden Bänke dazu ein, zu verweilen und den imposanten Bau auf sich wirken zu lassen, der viel älter zu sein scheint, als er in Wahrheit ist.
Das dreischiffige Gebäude ist im gotisch-romanischen Stil gehalten und hat eine Fassade aus weißem Stein. Im oberen Teil sieht man ein fein gemaltes Rosettenfenster. In ihrem Inneren befinden sich gleich zwei wertvolle Gemälde: das des heiligen Sebastian in Herrlichkeit, das dem Maler Bonaccorsi zugeschrieben wird, und das Gemälde von Francesco Patanè mit dem Gesicht der Schmerzensmutter. Die Kanzel selbst ist jedoch das bedeutendste Kunstwerk. Sie hat eine hexagonale Form und wurde von Ingenieur Mariano Grassi entworfen und 1936 von sizilianischen Künstlern aus Stein von Comiso im Val di Noto errichtet.

TIPP

Im August findet auf der Piazza Chiesa das Zitronenfest statt – ein echtes Highlight!

● Chiesa parrocchiale Maria SS. Del Rosario Di Pompei Scillichenti, Via Chiesa, 95024 Acireale
● ÖPNV: Haltestelle Guardia Mangano S. Venerina

Konditorei mit Tradition

73

Aruci Dolcezze Siciliane in Rosolini

Im kleinen Örtchen Rosolini im Süden Siziliens wartet ein Geschmackserlebnis. Dort gibt es nämlich eine Konditorei, die traditionelle sizilianische Produkte neu interpretiert und damit zu echten Gaumenfreuden macht. Die Geschwister Giovanni und Melissa Puglisi haben Aruci gegründet und sich damit einen Traum verwirklicht: Authentische sizilianische Zutaten wie Sesam, Mandeln, Pistazien und Johannisbrot werden nach traditionellen Rezepten verarbeitet, aber gleichzeitig in köstliche Kreationen verwandelt.

Dabei meint man die Leidenschaft und Hingabe zu schmecken, die mit in die Produkte einfließen. Das ist die Seele der sizilianischen Kultur. Im Hause Aruci wird das Handwerk noch zelebriert. Und so steht Aruci für Qualität und Authentizität. Die Produkte werden nach den strengsten Lebensmittelstandards hergestellt und sind mit regionalen Zutaten gemacht. Die Lieferketten sind also kurz, wodurch Frische und Natürlichkeit bewahrt werden.

TIPP
Unbedingt die Mandelmilch probieren!

Das Besondere an Aruci ist, dass Vergangenheit und Gegenwart miteinander verbunden werden und so ein einzigartiges Produkt kreiert wird, das wie eine Reise durch die Zeit erscheint. Denn die kunstvollen Süßwaren gehören eigentlich längst vergessenen Tagen an und erwecken die Geschmäcker und Düfte der authentischen sizilianischen Küche zu neuem Leben. Das Naschen wird zu einem Fest für die Sinne und ist gleichzeitig eine Hommage an die traditionsreiche Geschichte Siziliens.

Hier entstehen Giuggiulena (Sesamriegel), Facciuneddi (Mandelkekse), Reginelle (Sesamkekse), Biscotti di Carrube (Johannisbrotkekse), Torrone (harte Nussriegel) und Panetto di Mandorla (eine Mandelpaste für Mandelmilch) – Köstlichkeiten, deren Aromen auf eine sinnliche Reise in die Vergangenheit entführen.

So ist der Besuch von Aruci ein unvergessliches Geschmackserlebnis und wer sich für die Produkte entscheidet, wählt viel mehr als nur ein typisches sizilianisches Produkt. Man entscheidet sich, für die Traditionen, für Qualität und Regionalität einzustehen.

- Aruci Dolcezze Siciliane, Via Ariosto 94, 96019 Rosolini, Tel. +39 (3 34) 3 17 86 90 arucisicilia.com
- ÖPNV: Haltestelle Rosolini

ARANCIA CANDITA
BIO
GRANELLOSO
TORRONE DI GRANELLA DI
MANDORLE

Eine barocke Festung

74

Castel Sant'Angelo in Licata

An der Südküste Siziliens liegt die Hafenstadt Licata. Bereits in der Altsteinzeit war die Gegend besiedelt. Wie an vielen anderen Orten Siziliens gab es später auch hier Gründungen der Karthager und Griechen. Aber erst die Römer bauten einen Hafen, der Licata zu einem der wichtigsten Handelszentren machte – vor allem für Weizen. Auch heute noch ist der Hafen einer der wichtigsten Exporthäfen Siziliens. Um diesen wichtigen Hafen und auch die Stadt zu schützen, brauchte es in der Vergangenheit einen Wachturm. Dieser wurde in den 1580er-Jahren auf Anweisung von Vizekönig Marcantonio Colonna errichtet. 1615 wurde er um eine barocke Festung erweitert. Das sogenannte Castel Sant'Angelo liegt am östlichen Rand des gleichnamigen Berges in 130 Meter Höhe. So konnte man den Hafen, die Stadt und das umliegende Land gen Norden im Auge behalten.

TIPP

Bei der Gelegenheit auch gleich durch die charmante Altstadt von Licata schlendern!

Die Festung wurde allerdings nie für ihre ursprüngliche Funktion benötigt, die Geschütze mussten nie abgefeuert werden. Dafür spielte sie Mitte des 19. Jahrhunderts eine wichtige Rolle, als sie als Telegrafenstation genutzt wurde. Später fand eine weitere Umfunktionierung statt und sie diente als Leuchtturm. Das Castel, das im Zweiten Weltkrieg schwere Schäden erlitten hatte, wurden restauriert, sodass es heute in seiner vollen Pracht auf dem Hügel über dem Meer thront.

Besucher können das beeindruckende Bauwerk in einer dreieckigen Form auch von innen begutachten. Über eine Zugbrücke über einen ehemaligen Wassergraben gelangt man hinein. Heute sieht das Castel nach mehreren Restaurationen in den 1980er-Jahren wieder so aus, wie es ursprünglich war. Die Innenräume beherbergen prächtige Zimmer, eine große Treppe und einen malerischen zentralen Innenhof, durch den das Tageslicht in alle Zimmer fällt. Man kann zusätzlich zahlreiche archäologische Überreste in der Umgebung erkunden, darunter Nekropolen, Heiligtümer, Silos, Straßen und monumentale Gräber.

- Castel Sant'Angelo, Via Semaforo, 92027 Licata
- ÖPNV: Bahnhof Licata

Wie aus einem Märchen

75 Im Castello di Donnafugata in Ragusa

Das Castello di Donnafugata befindet sich in der Nähe von Ragusa im Süden Siziliens. Mit seinem Park und der romantischen Fassade mit der neugotischen Loggia scheint es geradewegs einem Märchen oder einem Bilderbuch entsprungen zu sein. Es ruft Assoziationen zu venezianischen Palazzi hervor, die man hier auf Sizilien gar nicht erwarten würde. Generell hat man beinahe das Gefühl, einer Fata Morgana gegenüberzustehen. Es sticht aus der idyllischen Landschaft heraus und ist umgeben von wohlriechenden Johannisbrotbäumen und einer malerischen Kulisse.

Ursprünglich wurde das Schloss im 14. Jahrhundert errichtet. Allerdings erst mal nur als ländliche Villa. Es sollte noch rund 500 Jahre dauern, bis sie ihr heutiges Aussehen bekam. Heute beeindruckt sie mit nicht weniger als 122 Zimmern und über 2500 Quadratmeter Wohnfläche und ist ein wahrlich majestätisches Anwesen.

TIPP

Wer ein wenig Zeit und „Der Leopard" mitbringt, kann am Inspirationsort des Buches schmökern!

Es soll den Gästen Vergnügen und Entspannung schenken, während man durch die prächtigen Räume wie die Bibliothek, den Wappensalon oder den Spiegelsaal wandelt, als würde man durch die Zeit reisen.

Im Außenbereich wartet ein etwa 8 Hektar großer Park mit einem englischen und einem französischen sowie einem einfachen Bereich mit Obst- und Kräutergarten und einer kleinen Imkerei. Hier gibt es 1500 Pflanzenarten zu bewundern, von denen einige Bäume mehrere Jahrhunderte auf dem Buckel haben. Pavillons und künstlich angelegte Grotten laden zum Verweilen ein. In einem Irrgarten kann man seinen Orientierungssinn testen.

Kein Wunder, dass das Castello di Donnafugata zu Romanen inspirierte und als Kulisse für Filmdrehs gedient hat. So soll es zum Beispiel Giuseppe Tomasi di Lampedusa zu seinem berühmten „Der Leopard" angeregt haben und Teile der Verfilmung des Romans durch Luchino Visconti wurden sogar an diesem besonderen Ort gedreht. Wer in die märchenhafte Welt des Castello di Donnafugata eintauchen möchte, kann sich auf ein einzigartiges Erlebnis freuen.

- Castello di Donnafugata, Contrada Donnafugata, 97100 Ragusa, Tel. +39 (9 32) 67 65 00, castellodonnafugata.org
- ÖPNV: Bahnhof Donnafugata

Gipfelsturm

76 Auf dem Pizzo Carbonara in Isnello

Im Parco delle Madonie kommt Wanderfreude auf. Hier führen nämlich unzählige Wanderwege durch atemberaubende Natur und bis zum Pizzo Carbonara. Wer jetzt an Essen denkt, täuscht sich jedoch: Mit dem italienischen Nudelgericht hat dieser Gipfel nämlich nichts zu tun. So heißt einfach nur der mit beeindruckenden 1979 Meter Höhe höchste Berg auf Sizilien, der nicht vulkanischen Ursprungs ist.

Wer gerne und viel wandert und das vielleicht noch in den Alpen, wird diese Gipfeltour wahrscheinlich als nicht sonderlich anspruchsvoll empfinden. Für Gelegenheitswanderer hat es die Tour allerdings ganz schön in sich. Auf dem Sentiero 551 muss man nämlich rund 350 Höhenmeter überwinden. Zum Glück ist der Ausblick so schön, dass man sowieso häufiger mal pausiert, um in Ruhe Fotos zu machen. Dabei kann man dann auch Luft holen und mit einem Schluck Wasser die trockene Kehle benetzen.

Am Parkplatz Pizzo Carbonara, ein wenig oberhalb des Rifugio Ostello della Gioventù, geht es in eine Art Wäldchen und dann in Serpentinen teils steil nach oben. Je höher man kommt, desto mehr verwandelt sich die Landschaft zu einem karstigen Gelände, durch das der Weg oberhalb von kraterförmigen Löchern führt, die auch Dolinen genannt werden. Bis Juni kann hier durchaus noch Schnee liegen. Gutes und eventuell wasserfestes Schuhwerk ist daher ratsam.

Während der Wanderung kann man an einigen Stellen das Meer erkennen. Ein erhabener Anblick! Steinmännchen begleiten den Weg bis zum Gipfel. Eine Stange mit einem Schild mit der Aufschrift „Pizzo Carbonara, 1.979 m“, die aus einem Steinhaufen hervorragt, markiert den höchsten Punkt. Von hier hat man einen herrlichen Rundumblick, bei dem einem gefühlt ganz Sizilien zu Füßen liegt.

Wer noch weiter wandern möchte, kann dem Weg einfach folgen. Andernfalls sollte man umkehren und auf gleichem Weg zum Parkplatz zurücklaufen. Mit etwas Glück kann man in den Dolinen Rehe beobachten, während man die Stille auf dem Dach Siziliens genießt.

TIPP

Auf jeden Fall genug Snacks und Wasser mitnehmen. Es gibt weit und breit nichts zu kaufen.

● Pizzo Carbonara, Parking Pizzo Carbonara, Strada Provinciale 113, 90010 Isnello

Pizzo
Carbonara
1.979 m

Siziliens Salzpfannen

77

Auf der Terrazza sulle Saline in Marsala

Die Terrazza sulle Saline ist eine Lounge Bar, die sich im Naturschutzgebiet Stagnone befindet. Mit einem erfrischenden Aperitivo in der Hand, schmackhaftem Abendessen aus frischen, lokalen Spezialitäten auf dem Teller und einem Glas guten sizilianischen Rotweins kann man das Farbenspiel des Sonnenuntergangs über den Salzpfannen bewundern. Die Terrasse bietet nämlich einen einzigartigen Blick auf die breitesten Salinen Siziliens.
Der Besitzer betreibt die Lounge mit einer besonderen Leidenschaft. Jeden Morgen geht er zum Markt, um die regionalen Köstlichkeiten zu besorgen. Eine fixe Speisekarte beschränkt sich nur auf wenige Gerichte. Ansonsten gibt es Tageskarten mit allem, was es an dem Morgen auf dem Markt gab. Über zwei Dinge kann man sich also immer freuen: Alles, was aus der Küche kommt, ist regional und superfrisch! Wer schon mal da ist, sollte sich einen Besuch des Naturschutzgebiets Stagnone allerdings nicht entgehen lassen. Ob eine Fahrradtour auf dem Radweg durch die Lagune oder eine Besichtigung der Salinen inklusive Bootstour ... Möglichkeiten gibt es viele, die weißen Dünen, spiegelnden Wasserflächen und malerischen Windmühlen, die gerade einem Bilderbuch entsprungen zu sein scheinen, zu erkunden. In jedem Fall ist ein Fotoapparat ratsam, denn Sonnenuntergänge über den Salzpfannen sind spektakulär.
Seit 1984 ist der Salinenpark ein Naturschutzgebiet, in dem sich auch Flamingos wohlfühlen. Mit etwas Glück kann man einen Blick auf die rosafarbenen Vögel erhaschen. Im östlichen Teil befinden sich die Mühlen und die Saline Ettore und Infersa. Im Westen liegt der Zugang zur Isola Lunga, die wie ein riesiger Damm wirkt und so optimale Voraussetzungen für den Salzabbau schafft. Dort können Wassersportliebhaber auch einem besonderen Hobby nachgehen: Kite- und Windsurfen. Die bunten Segel sind an windigen Tagen bereits von Weitem zu erkennen und man kann sie auch von der Terrazza delle Saline fröhlich in der Luft tanzen sehen.

TIPP

Zwischen Juni und September kann man die Salzgewinnung beobachten.

● La Terrazza sulle Saline, Contrada Ettore Infersa, snc, 91025 Marsala, Tel. +39 (3 88) 8 77 24 99, laterrazzasullesaline.it

Kunstvolle Stufen

78 An der Scalinata di Santa Maria del Monte

Jeder, der schon einmal in Sizilien war, wird wissen, dass die Tradition der Keramik einen hohen Stellenwert hat. Gefühlt kann man an jeder Ecke entweder Teller, Vasen, Krüge oder auch Köpfe aus sizilianischer Keramik kaufen. Die Hauptstadt der Töpferkunst Siziliens ist das barocke Caltagirone in der Provinz Catania. Die Stadt selbst ist aber nicht nur wegen ihrer Keramikkunst berühmt, sondern auch wegen ihrer außerordentlichen architektonischen Schönheit. Hier findet man Keramik im wahrsten Sinne des Wortes an jeder Ecke.

Auch wenn die Geschichte der Stadt bis in prähistorische Zeit zurückreicht, so erlebte sie ihren Aufschwung im 15. Jahrhundert. Seitdem ist sie die unangefochtene Hauptstadt für Keramikkunst. Das zeigt die Stadt auch. Zum Beispiel hat man die gesamte Kuppel der Kathedrale San Giuliano mit Keramik überzogen. Ein weiteres Beispiel für die Verwendung der Töpferkunst in der Architektur Caltagirones ist die alte Brücke Ponte San Francesco, die auf diese Weise bunt verziert wurde. Man kann also Caltagirone nicht erkunden, ohne mit dem Thema der Keramik in Berührung zu kommen. Das absolute Highlight ist jedoch die Freitreppe Scalinata di Santa Maria del Monte, die seit 1606 die höher gelegene Altstadt mit dem unteren, neueren Teil der Stadt verbindet. Jede einzelne der 142 Stufen ist seit 1954 kunstvoll mit handbemalter Keramik verziert. Und als wäre das nicht schon einzigartig genug, wird diese Treppe im Mai während des Festes der Maria Santissima di Conadomini mit Blumen geschmückt. Infiorata wird dieses Fest genannt, dem die Bürger Caltagirones stets mit Freude entgegenblicken und kaum erwarten können, zu erfahren, welches Muster die Blumen in diesem Jahr bilden werden. Auch im Sommer findet hier ein besonderes Fest statt: Zur Feier der Madonna Assunta, der Schutzpatronin der Stadt, am 15. August wird die gesamte Treppe durch Kerzen in ein Lichtermeer verwandelt. Ein ehrfurchtgebietender Anblick!

TIPP
Unbedingt auch mal in eine Keramikmanufaktur gehen und den Künstlern über die Schulter schauen!

- Scalinata di Santa Maria del Monte, Scala Santa Maria del Monte 11, 95041 Caltagirone
- ÖPNV: Haltestelle Caltagirone Bus Station

SCALA
ANTA MARIA
EL MONTE
VII SEC. G. GIACALONE
ICOSTRUZIONE
ETA' XX SEC.
PIZZA A
PRANZO
a. Sà
TRATTORIA
ZZERIA

Felsige Glückseligkeit

79 In der Burg von Sperlinga

Zwischen den majestätischen Bergen Nebrodi und Madonie liegt das Dorf Sperlinga, das zu einem der schönsten Dörfer Italiens gekürt wurde. Sein Name leitet sich aus dem Griechischen ab und bedeutet Höhle. Und hier ist der Name Programm. Denn tatsächlich sind viele Gebäude Sperlingas direkt in den Felsen gehauen – und das schon seit Jahrtausenden. Auf dem höchsten Punkt thront das sogenannte Castello, eine Burg, die sich stolz über dem Ort erhebt. Wer jedoch ein Schloss à la Disney erwartet, könnte enttäuscht werden. Denn den Charme der Burg machen nicht goldene Turmspitzen, weiß getünchte Fassaden oder schimmernde Ziegel aus. Sie besteht aus einem Höhlensystem.

In diesen Höhlen befanden sich früher die Räume, Lagerhallen, Gefängnisse und sogar eine Kirche. Außerdem bietet die Burg einen atemberaubenden Blick auf das Dorf und die umliegende Landschaft. Es ist, als ginge man auf eine Reise in die Vergangenheit, die das Gefühl von Glück und Ehrfurcht hervorruft.

Eine lateinische Inschrift in der Burg zeugt von der geschichtlichen Bedeutung der Stadt. Sie lautet übersetzt: „Was die Sizilianer festlegten, lehnte nur Sperlinga ab." Sie soll der sogenannten sizilianischen Vesper gedenken, einer Zeit am Ende des 13. Jahrhunderts, in der sich die Sizilianer von der Herrschaft des französischen Hauses Anjou befreiten. Die Menschen in Sperlinga gewährten den Franzosen jedoch Zuflucht. Diese Begebenheit verleiht der Burg einen ganz besonderen historischen Wert.

Die Tatsache hat außerdem dafür gesorgt, dass sich in Sperlinga ein einzigartiger Dialekt entwickelt hat: der galloitalische Dialekt. Dieser ist für andere Sizilianer oft unverständlich und verleiht Sperlinga einen besonderen kulturellen Reichtum.

Sperlinga ist wahrhaftig ein Ort, an dem das Glück in der Luft zu liegen scheint. Mit seiner faszinierenden Geschichte, den einzigartigen Höhlen, der imposanten Burg und dem atemberaubenden Ausblick verspricht dieser Ort ein unvergessliches Erlebnis.

TIPP

Nach der Besichtigung der Burg lohnt sich ein Blick in die kleine Madonnenkirche.

● Castello di Sperlinga, Lago Castello 4/30, 94010 Sperlinga, Tel. +39 (9 35) 64 32 21

Ab an die Uni

80 Benediktinerkloster San Nicolò l'Arena, Catania

Wer Siziliens größten Klosterkomplex mit der größten Kirche der Insel erleben möchte, kommt nicht um die Uni herum. Aber keine Angst! Pauken muss man nicht, um die Treppen, Räume und Innenhöfe zu bestaunen. Denn die geisteswissenschaftliche Fakultät der Universität von Catania ist im ehemaligen Benediktinerkloster San Nicolò l'Arena untergebracht. Studierende kommen also in den Genuss, dieses beeindruckende Zeugnis barocker Architektur tagein, tagaus zu sehen. Seit 2002 gehört es als Teil des Val di Notos zum UNESCO-Weltkulturerbe rund um die Städte, die beim Erdbeben 1693 zerstört und danach im barocken Stil wieder aufgebaut wurden.

Das Kloster, das im 12. Jahrhundert von Benediktinermönchen gegründet wurde, war ursprünglich dem heiligen Nikolaus geweiht. Im Laufe der Zeit wuchs das Kloster und wurde zu einem der prächtigsten und größten auf Sizilien.

Es beeindruckt durch seine schiere Größe, durch die Fassaden und die riesigen Säulen. Es wurde zu einem blühenden Zentrum kulturellen und geistlichen Lebens der Stadt. Die Mönche widmeten ihre Zeit nicht nur dem Klosterleben, sondern erschufen einen Ort der Wissenschaften und Altertumsforschung.

Als das Kloster im Zuge der Säkularisation im 19. Jahrhundert seine Funktion als religiöse Stätte verlor, wurde es zunächst für verschiedene profane Zwecke genutzt, bis die Universität von Catania die geisteswissenschaftliche Fakultät hier unterbrachte. Und so kann man die herrlichen Innenhöfe der ehemaligen Konventsgebäude ganz einfach besichtigen. Sie sind ebenso wie die Dachterrassen und die Kirche frei zugänglich.

Das Kloster war ein blühendes Zentrum des kulturellen und geistlichen Lebens in Catania. Im 18. Jahrhundert erlebte es eine glanzvolle Phase, die seinen sozialen Status widerspiegelte. Die Benediktinermönche widmeten sich nicht nur dem geistlichen Leben, sondern auch den Wissenschaften und der Altertumsforschung. Die Sammlungen der Mönche findet man heute im Museo Civico im Castello Ursino.

TIPP

Um 12 Uhr mittags fällt ein Sonnenstrahl durch ein Loch im Dach der Kirche und zeigt Tag und Monat an.

● Monastero dei Benedettini di San Nicolò l'Arena, Piazza Dante Alighieri 32, 95124 Catania, Tel. +39 (95) 710 27 67, monasterodeibenedettini.it
● ÖPNV: Haltestelle Dante

2., aktualisierte Auflage 2026

Konzeption/Satz: Droste Verlag, Düsseldorf
Einbandgestaltung und Illustrationen: Britta Rungwerth, Düsseldorf, unter Verwendung von Bildern von © Fotolia.com: jd - photodesign.de; © iStock: Plociennik Robert
Fotos: Barbara Riedel, außer: S. 21: © Duomo di Monreale; S. 23: Stock.adobe.com - banepetkovic; S. 37: Stock.adobe.com - davidionut; S. 47: Stock.adobe.com - marcorubino; S. 51: Stock.adobe.com - Daniel Smolcic; S. 79: Stock.adobe.com - Mickletos; S. 95: Ellen Gromann (patotra.com); S. 167: Stock.adobe.com - francesco
Textlektorat: Ute König, Kitzingen

FSC www.fsc.org MIX Papier | Fördert gute Waldnutzung FSC® C011279

Druck und Bindung: LUC GmbH, Greven
ISBN 978-3-7700-2459-9

droste-verlag.de